Übungstypologie
zum kommunikativen Deutschunterricht

Von
Gerhard Neuner, Michael Krüger, Ulrich Grewer

Langenscheidt
Berlin · München · Wien · Zürich · New York

Fremdsprachenunterricht in Theorie und Praxis
Allgemeiner Herausgeber: Prof. Dr. G. Neuner

| Auflage: | 9. | 8. | 7. | Letzte Zahlen |
| Jahr: | | 90 | | maßgeblich |

© 1981 Langenscheidt KG, Berlin und München
Druck: Druckhaus Langenscheidt, Berlin-Schöneberg
Printed in Germany · ISBN 3-468-49430-0

Inhaltsverzeichnis

Vorwort

Die Anstöße zur Erstellung dieser „Übungstypologie für den kommunikativen Deutschunterricht" waren vielfältig. Sie hätte nicht entstehen können ohne die intensiven konzeptuellen Vorarbeiten der Bundesarbeitsgemeinschaft Englisch an Gesamtschulen: *Kommunikativer Englischunterricht – Prinzipien und Übungstypologie* (München: Langenscheidt-Longman, 1978). Dieses Buch hat wesentlich dazu beigetragen, die theoretische Diskussion um die Neuorientierung des Fremdsprachenunterrichts an dem Ziel der Kommunikations- und Handlungsbefähigung des Lernenden für die Praxis zu konkretisieren. Die weite Verbreitung, die es seit seinem Erscheinen – nicht nur bei Englischlehrern – gefunden hat, spricht für sich selbst.

Es ist sicher kein Zufall, daß der Bereich Deutsch als Fremdsprache in den letzten Jahren wesentliche Impulse von der Didaktik und Methodik des Englischunterrichts erfahren hat. Dies zeugt nicht nur von einer gewissen „Mangelsituation" im Arbeitsfeld Deutsch als Fremdsprache, sondern auch davon, daß – wie auch im vorliegenden Fall – diejenigen, die sich heute mit den Fragen des Fremdsprachenunterrichts beschäftigen, dies immer weniger im eng gesteckten Rahmen der Didaktik *eines* Schulfaches tun und ihr Arbeitsgebiet nicht mehr nur als „Angewandte Linguistik der Zielsprache" verstehen, sondern ein Konzept des Sprachlehrens und -lernens zu entwickeln versuchen, das Fragen der Bildungs- und Sprachenpolitik, der Pädagogik und der Lerntheorie ebenso aufgreift wie die Ergebnisse der Fachwissenschaften.

Der Fremdsprachendidaktiker, der sich mit seiner eigenen Muttersprache als *Fremd*sprache beschäftigt, erfährt eine Art „Rollendistanz" beiden Arbeitsgebieten gegenüber. Dies verhindert, daß die in dem einen Bereich gewonnenen Erkenntnisse kritiklos auf den anderen Bereich übertragen werden. Deshalb ist auch das vorliegende Buch nicht einfach eine Bearbeitung der „englischen Vorlage mit deutschen Beispielen". Seit dem Erscheinen des Buches 1978 ist die Diskussion um den „kommunikativen Fremdsprachenunterricht" intensiv weitergeführt worden, was zu einer Weiterentwicklung des Konzepts der Übungstypologie – insbesondere im Bereich der Verstehensleistungen, der Sozialformen des Unterrichts und der lerntheoretischen Fundierung der Übungssequenzen – geführt hat.

Daß man sich auch im Deutschunterricht mit den Prinzipien und Verfahren einer an kommunikativen und pragmatischen Zielen orientierten Didaktik intensiv beschäftigt (vgl. dazu den Beitrag „Zur gegenwärtigen Situation" im Einführungteil), läßt sich an der neuen Generation von Lehrmaterialien, wie sie in den letzten beiden Jahren erschienen sind, ablesen. Dazu gehören u. a. *Deutsch aktiv* (München: Langenscheidt; Band 1: 1979; Band 2: 1980) und die projektorientierten Unterrichtseinheiten („Baukästen") für jugendliche Lernende im Deutschunterricht, wie sie z. Z. im „pool DaF" (mit Unterstützung des Verlags Langenscheidt) entwickelt werden. An beiden Arbeitsbereichen sind die Autoren des vorliegenden Buches beteiligt. Aus beiden „Quellen" wurden viele Beispiele aufgenommen. Das kreative Potential dieser Teams hat nicht unwesentlich zur Bereicherung der Übungsformen beigetragen.

Die intensive Beschäftigung mit den Übungsformen hat auch den Blick für die linguistischen und lerntheoretischen Grundlagen der fremdsprachlichen Methodik geschärft und deutlich werden lassen, daß jede Methode – die Grammatik-Übersetzungs-Methode ebenso wie die audiovisuelle Methode – ihre eigene charakteristische Übungstypologie entwickelt hat (vgl. den einführenden Beitrag ,,Zum Wandel der Prinzipien und Übungsformen in der Fremdsprachenmethodik" im vorliegenden Buch). Von dieser Erkenntnis geht die Analyse fremdsprachlicher Lehrwerke aus. Deutlicher als die – meist ziemlich vagen – Zielangaben in einem Lehrbuch läßt der Übungsapparat erkennen, welches die ,,eigentlich wichtigen" Ziele sind.

Es wird an der Sammlung von Übungen im vorliegenden Buch aber auch ersichtlich, daß die ,,Übungstypologie zum kommunikativen Deutschunterricht" sich nicht auf einige wenige spezifisch ,,kommunikative" Übungstypen beschränkt, sondern daß eines ihrer wesentlichen Merkmale in der *Begründung von Übungssequenzen* liegt, die Verstehens- und Mitteilungsleistungen vorbereiten, aufbauen, strukturieren und darstellen (vgl. dazu: H.-E. Piepho, ,,Ableitung und Begründung von Lernzielen im Englischunterricht" in: *Kommunikativer Englischunterricht,* München, Langenscheidt-Longman, 1978, S. 18/19).

Die Übungstypologie ist deshalb offen für ,,alle möglichen" Übungsansätze, weist ihnen aber eine relativ klar bestimmbare Funktion im Aufbau der Stufen der Kommunikationsfähigkeit zu.

Die Einordnung von Übungen läßt deutlich erkennen, daß die Übungsformen mancher Lehrwerkkonzepte sich in einer relativ engen ,,Bandbreite" bewegen. Mit Hilfe der Übungstypologie können diese Lehrbücher ,,weiterentwickelt" werden.

Ihre besonderen Qualitäten erweist die Übungstypologie aber dann, wenn Material, das der Lehrer für besonders interessant und nützlich hält, für Unterrichtszwecke aufbereitet werden soll.

Zu warnen ist jedoch davor, dieses Buch als ,,Rezeptsammlung" zu verstehen und zu verwenden. Die Gefahr ist groß, daß ein einmal erstelltes ,,Schema" sich verselbständigt und – losgelöst von seinem Begründungszusammenhang – seinerseits zu einer Schematisierung der Unterrichtsplanung und des Unterrichts selbst führt.

Christoph Edelhoff hat uns in vielen Gesprächen wertvolle Anregungen gegeben. Wir danken dem Team von *Deutsch aktiv* – Reiner Schmidt, Heinz Wilms, Manfred Zirkel, Christoph Edelhoff, Josef Gerighausen, Bjarne Geiges (Fotos) und insbesondere Theo Scherling (Zeichnungen) – und den Mitgliedern des Mavo-Projekts (Holland), die an den *Baukästen* mitgearbeitet haben, für viele Beispiele, die mit ihnen zusammen erarbeitet wurden, sowie Erich Hohmann für die Mitarbeit bei der Erstellung der Bibliographie.

Gerhard Neuner
Michael Krüger
Ulrich Grewer

Gerhard Neuner

Zum Wandel der Prinzipien und Übungsformen in der Fremdsprachenmethodik

1. Zur Entstehung von Methoden und Übungstypologien im Fremdsprachenunterricht

Lehrmaterialien für den Fremdsprachenunterricht verändern sich. Blättern Sie einmal Lehrwerke für den Deutschunterricht durch, wie sie heute verwendet werden, und Sie werden feststellen, daß nicht nur die Aufmachung ganz unterschiedlich ist, sondern daß dieselben ,,Sachen" – Themen, Inhalte, Grammatik und Wortschatz – nach ganz *unterschiedlichen* Prinzipien strukturiert und bearbeitet werden. Lehrwerke konkretisieren die didaktischen und methodischen Leitvorstellungen ihrer Zeit.

Übungen im Fremdsprachenunterricht richten sich nach den Zielen. An den folgenden Beispielen wird aus den Übungen deutlich, daß Lehrbuchlektionen, die dieselbe ,,Sache" – die Turnstunde – zu behandeln scheinen, ganz unterschiedliche Zielsetzungen haben können.

Beispiel 1:
Wir lernen Deutsch, Band 1, Verlag Moritz Diesterweg, Frankfurt am Main 1971, S. 19/20.

EINE TURNSTUNDE

Die Schüler schreiben. Die Hefte sind offen. Da läutet die Schulglocke. Die Kinder rufen: ,,Jetzt ist Turnen!" Schnell sind die Bücher und die Hefte geschlossen. Die Schüler und die Schülerinnen gehen hinaus. Die Turnlehrer kommen. Herr Lehmann ist der Turnlehrer und Frau Höfer ist die Turnlehrerin. Herr Lehmann ruft: ,,Antreten!" Die Jungen kommen. Frau Höfer und die Mädchen stehen dort. Die Kinder gehen zwei und zwei hinaus.
Die Turnstunde ist schön. Die Jungen springen zuerst. Dann spielen zwei Mannschaften Fußball.
Die Turnhalle ist neu. Dort sind Bälle, Matten, zwei Seile, fünf Kletterstangen und ein ,,Pferd". Hier springen und spielen die Mädchen. Dann gehen die Mädchen hinaus und spielen Völkerball. Die Jungen kommen und klettern. ,,Wer ist der erste?" fragt Herr Lehmann. Peter und Hans klettern schnell. Da kommt Paul. Paul klettert sehr gut und gewinnt.
Klaus klettert sehr langsam. Die Jungen rufen: ,,Paul ist der erste! Peter ist der zweite! Hans ist der dritte! Klaus ist der letzte!"
Die Schulglocke läutet wieder. Die Turnstunde ist aus. ,,Schade!" sagen die Kinder.

Übung 1a: Tisch: Der Tisch, die Tische.
1. Tafel, 2. Fenster, 3. Tür, 4. Bild, 5. Kreide, 6. Buch, 7. Bank, 8. Schrank, 9. Wand, 10. Mappe, 11. Füller, 12. Bleistift, 13. Heft, 14. Lineal, 15. Frage, 16. Antwort, 17. Übung, 18. Lesestück, 19. Wolke, 20. Wiese, 21. Brunnen, 22. Vogel, 23. Baum, 24. Pferd, 25. Mensch, 26. Turnhalle, 27. Ball, 28. Seil, 29. Matte, 30. Turnstunde.

Übung 1b: Wie sind die Tische? Die Tische sind groß.
1. Wie sind die Tafeln? usw.

Übung 2: Junge: Die Jungen schreiben.
1. Mädchen, 2. Schüler, 3. Schülerin, 4. Lehrer, 5. Lehrerin, 6. Klasse, 7. Bauer, 8. Kind, 9. Hund, 10. Hahn, 11. Vogel, 12. Mensch, 13. Frau, 14. Herr, 15. Großmutter, 16. Großvater, 17. Sohn, 18. Tochter, 19. Vater, 20. Mutter, 21. Eltern, 22. Turnlehrer, 23. Mathematiklehrerin, 24. Junge, 25. Großeltern.

Die Übungen lassen erkennen, daß das Thema ,,Turnstunde" unter *formalsprachlichen* Aspekten ausgewertet wird: es werden Pluralformen der Substantive und Ordnungszahlen geübt. Sie sind das *eigentliche* Ziel des Unterrichts.

Beispiel 2:
Deutsch in Deutschland – NEU, Grundkurs, Tübingen (Erdmann) 1975, S. 48/49.

In der Turnstunde

Lehrer: „Mario, keine Turnschuhe heute?"
Mario: „Entschuldigung! Die habe ich vergessen!"
Lehrer: „Und was ist mit dir, Hansi??? Du hast ja überhaupt keine Hose an!"
Hansi: „Entschuldigung! Meine Turnhose ist ganz kaputt! Aber ich möchte mitturnen!"
Lehrer: „Mensch, so kannst du doch nicht herumlaufen! Los, zieh dir wenigstens deine Jeans wieder an! Also, schnell! Und du? He, Erich! Ist das vielleicht deine neue Turnhose?"

Erich: „Nein, Herr Lehrer, das ist meine Unterhose!"
Lehrer: „Ja, und???"
Erich: „Meine Turnhose ist auch kaputt!"
Lehrer: „Hau ab und zieh deine andere Hose an! Das gibt's doch nicht!!! Und der Jussuf? Natürlich hast du auch deine Turnschuhe vergessen?!"
Jussuf: „Nein, ich habe sie nicht vergessen! Ich möchte heute barfuß turnen! Das ist gut für die Füße, sagt mein Papa!"
Lehrer: „Meinetwegen, mir ist schon alles gleich! Also, los jetzt!"

Fragen und antworten

Wer hat	einen Ball?	+: „Ich!"
	einen Roller?	
	einen Füller?	—: „Ich nicht!"
	einen Spitzer?	

Hast du	ein Fahrrad?	+: „**Ja**, da ist es!"
	ein Heft?	
	ein Buch?	—: „**Nein**, leider nicht!"
	eine Puppe?	+: „Ja, da ist sie!"
	eine Mark?	
	eine Uhr?	
	einen Kaugummi?	+: „Ja, da hast du auch einen!"
	einen Apfel?	da ist einer für dich!"
	einen Lutscher?	da, schau mal!"

Was kostet	der Ball da?	+: „Gut, den
	die Tasche da?	die nehme ich!"
	das Hemd da?	das
		—: „Der
		Die ist mir zu teuer!"
		Das

Möchtest du	meinen	Kuli?		+ : „Ja, klasse!
Brauchst du	meinen	Fußball?		gern!
	meine	Orange?		vielen Dank!"
	meine	Brezel?		— : „Nein, danke! Ich habe schon
				einen/eine/eins."
	mein	Bonbon?		
	mein	Auto?		— : „Das ist mir egal
				gleich."
	den	Ball da?		
	den	Bär da?		
	den	Radierer da?		
	die	Lampe da?		
	das	Flugzeug da?		

Auch hier verfolgen die Übungen zunächst einen formalsprachlichen Zweck (Einübung der Struktur: Verben mit Akkusativ + unbestimmter Artikel/Possessivpronomen + Substantiv mit Akkusativendung).

Entscheidend ist hier aber der Sprech*anlaß* (etwas haben/mögen/brauchen – etwas nicht haben/mögen/brauchen – fragen, ob jemand etwas hat/möchte/braucht) und die *kommunikative Funktion* der Strukturen (fragen – antworten: Partnerbezug). Der Text dient nicht in erster Linie als „situative Verpackung" des Grammatikpensums, die Verwendung bestimmter Sprachstrukturen ergibt sich vielmehr aus dem *Verständigungsanlaß* (eine Absicht/einen Wunsch äußern; sagen, was man [vergessen] hat).

Weil das didaktische Konzept das methodische Verfahren strukturiert, ist es nötig, der Frage nachzugehen, welche Faktoren zur Veränderung der Zielsetzung des Fremdsprachenunterrichts beitragen, wenn man den Wandel der Übungsformen verstehen will.

Bedingungsgefüge fachdidaktischer Konzepte:

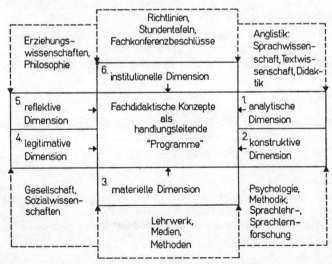

Nach H.-E. Piepho: *Englischunterricht in Stundenskizzen,* Quelle & Meyer Verlag, Heidelberg, 1979, S. 61.

Verändert sich *ein* Bezugspunkt in diesem Netz von Bedingungen, dann wirkt sich dies auf die didaktische Konzeption insgesamt aus und beeinflußt die Unterrichtsverfahren.

Da sich nie alle Faktoren gleichzeitig ändern, ergeben sich immer neue Spannungen in diesem Netz. Eine *neue Methode* entwickelt sich immer dann, wenn die Veränderungen viele der skizzierten Bedingungsfelder erfassen und aufeinander bezogen sind.

Es lassen sich im Verlauf der Entwicklung der Fremdsprachendidaktik im 20. Jahrhundert eine Reihe von unterschiedlichen Entwicklungslinien der Fremdsprachenmethodik verfolgen. Sie sind im wesentlichen durch eine ganz spezifische Korrespondenz von Ansätzen im Bereich linguistischer und lerntheoretischer, literaturwissenschaftlicher und landes- bzw. kulturkundlicher Forschung in Verbindung mit pädagogischen bzw. gesellschaftspolitischen Zielvorstellungen markiert. Zwei dieser *methodischen Kristallisationspunkte* werden im folgenden stichwortartig skizziert – die *Grammatik-Übersetzungs-Methode* und die *audiolinguale/audiovisuelle Methode* –, wobei das Interesse insbesondere der Entwicklung der Übungstypen und -sequenzen gilt.

2. Die Grammatik-Übersetzungs-Methode

Sie war bis zum Beginn dieses Jahrhunderts – bis zur ,,Reformbewegung" – die Lehrmethode des Altsprachlichen Unterrichts (Latein, Griechisch), die auf den Unterricht der lebenden Sprachen übertragen wurde.

Linguistische Grundlagen
Das Deutsche wird mit Hilfe der Kategorien der lateinischen Grammatik dargestellt und in Regeln gefaßt. Weil das System der lateinischen Sprache nicht identisch ist mit dem System der deutschen Sprache, müssen zu jeder Regel, die gefunden wird, auch die entsprechenden Ausnahmen aufgelistet werden (die dann im Unterricht selbst oft wichtiger werden als die Regeln!).

Grundlage der Sprachbeschreibung ist die *geschriebene, literarisch geformte Sprache.* Untersucht wird die *Form* der Sprache. Sprache wird als ein ,,Gebäude" gesehen, das aus bestimmten ,,Bausteinen" systematisch gefügt und nach logischen Regeln ,,konstruiert" ist.

Lerntheorie
Fremdsprachenlernen heißt, die Konstruktionsregeln verstehen und anwenden können. Dies ist ein *kognitives* Lernkonzept. Sprachenlernen bedeutet formale Geistesschulung, Erziehung zu ordnendem Denken.

Literatur/Kulturkunde
Literatur (als geformte Sprache) ist das Zeugnis der geistigen Leistungen einer Sprachgemeinschaft. In ihr treten die kulturellen Werte charakteristisch und typisch zutage. Diese gilt es zu erfassen, zu verstehen und mit den kulturellen Leistungen des eigenen Volkes zu vergleichen.

Pädagogische Grundlagen
Sprachenlernen wird nicht nur als geistig-formaler Bildungsprozeß gesehen, die Aus-

einandersetzung mit den Bildungsgütern der fremden Kultur dient letztlich auch dazu, die Persönlichkeit des Lernenden so zu formen, daß die Leistungen der fremden und der eigenen Kultur erfaßt und anerkannt werden. Fremdsprachenlernen war bis in unsere Zeit ein Privileg „höherer Bildung" und der Eliteschulung.

Didaktische und methodische Prinzipien
– Einsicht nehmen in die Baugesetze der fremden Sprache (auch durch den Vergleich mit der Muttersprache);
– Rekonstruktion der fremden Sprache durch Anwendung der Regeln.

Übungstypen der Grammatik-Übersetzungs-Methode
– Korrekte Sätze nach einer Regel bilden (Regelanwendung);
– Korrekte Formen einfügen (Lückentext);
– Sätze nach formalen Grammatikkategorien umformen (vom Aktiv ins Passiv etc.);
– Übersetzung: von der Muttersprache ins Deutsche; vom Deutschen in die Muttersprache.

---

3. Die audiolinguale/audiovisuelle Methode

Die audiolinguale Methode fußt auf einer Reihe von Neuansätzen im pädagogischen, linguistischen und lerntheoretischen Bereich. Sie ist insbesondere der Reformpädagogik der 20er Jahre verpflichtet und führt die *direkte Methode,* wie sie von M. Duve *(Umbruch und Aufbau,* 1934) propagiert wurde, in den 50er und vor allem in den 60er Jahren weiter.

Linguistische Grundlagen
Strukturalistische Sprachbeschreibung
Jede Sprache wird nach den in *ihrem* spezifischen System vorfindbaren Gegebenheiten beschrieben; Grundlage ist die Analyse *gesprochener* Sprache; das Untersuchungsverfahren ist deskriptiv und rein synchronisch (induktives Verfahren); die Redeteile werden einheitlich nach *formalen* Prinzipien klassifiziert; der Satz wird auf die in ihm vorfindbaren syntagmatischen bzw. paradigmatischen Beziehungen hin untersucht (Verfahren: Substitution und Segmentierung). Die *Form* sprachlicher Ausdrücke und die Distribution sprachlicher Einheiten wird gegenüber ihrer Funktion betont.

Lerntheorie
Der natürliche Spracherwerb wird propagiert (Nachahmung der Lehrweisen der Mutter, die ihr Kind die Muttersprache lehrt); Sprache wird als *verbales Verhalten* gesehen, Sprachlernen erfolgt über Konditionierungsprozesse (behaviouristische Lerntheorie).

Ziel ist die Entwicklung der Sprechfertigkeit durch Nachahmung und kontinuierliches Einüben von Wortmustern und Satztypen mit Hilfe von Analogieschlüssen.

Texttheorie/Landeskunde
Im Vordergrund steht das praktisch verwertbare Alltagswissen und die Beherrschung alltäglicher Kommunikationssituationen.

Pädagogische Theorie
Reflexion der Lernvoraussetzungen und der Lernbedingungen (Differenzierung als eines der „neuen" pädagogischen Anliegen der 60er Jahre; Curriculumdiskussion; Erstellung von Lernzieltaxonomien insbesondere im Bereich der „Lernstoffe" und Entwicklung objektivierter Lern- und Testverfahren; Integration von Medien in den Unterricht (Weiterentwicklung der audiolingualen zur audiovisuellen Methode).

Bildungspolitische Implikationen
„Fremdsprachenunterricht für alle" als grundlegende Forderung der 60er Jahre; Betonung der „Weltbildung" durch Sprachbildung.

Didaktische und methodische Prinzipien
– Primat des Mündlichen (der gesprochenen Sprache/der Sprechleistung);
– Situativität des Unterrichts;
– Authentizität der Sprachvorbilder;
– Einübung von Sprachmustern (patterns) durch Imitation;
– Einsprachigkeit des Unterrichts;
– Progression des Lernprogramms durch systematischen Aufbau der patterns;
– Anschaulichkeit des Unterrichts.

Übungstypen der audiovisuellen Methode
– pattern drills (in vielen Variationen);
– Satzschalttafeln;
– Substitutionsübungen;
– Ergänzungsübungen (Lückentexte etc.);
– bildgesteuerte Einsetzübungen/Dialogübungen;
– Reproduktion und Nachspielen von Dialogszenen;
– Umformungsübungen;
– Satzbildung aus Einzelelementen.

Unterrichtspraxis: Vermischung und Überschneidung der Methoden
In der Unterrichts*praxis* kommt es oft zu Mischformen der Methoden (vgl. die *Vermittelnde Methode* im Neusprachenunterricht an den Gymnasien in der Bundesrepublik in den 50er Jahren).

Die Praxis geht immer dann ihren eigenen Weg gegenüber der „reinen Lehre", wenn sich die didaktischen und methodischen Konzepte für den Fremdsprachenunterricht allzu eng an lerntheoretischen oder fachwissenschaftlichen Erkenntnisinteressen orientieren – und der Unterricht als Handlungsfeld wie auch der Lernende als Subjekt des Lernprozesses aus dem Blickfeld geraten.

Der einzelne Lehrer sieht sich dann gezwungen, seinen Unterricht gegen die „herrschende Lehre" selbst zu bestimmen. Er verschafft sich „pädagogischen Spielraum" gegenüber Prinzipien, die ihm z. B. die Verwendung der Muttersprache zu verbieten oder bewußtes Lernen zurückzudrängen suchen.

Gerhard Neuner

Die gegenwärtige Situation: Grundlagen, Prinzipien und Übungsformen einer kommunikativ-pragmatisch orientierten Methodik des Fremdsprachenunterrichts

Es wäre verkehrt, sich vorzustellen, die verschiedenen, weiter oben skizzierten methodischen Ansätze ließen sich ohne weiteres in eine zeitliche Sequenz einordnen. „Schulen" bzw. Methodiken zeichnen sich immer erst in der Rückschau auf eine Epoche und in der Hervorhebung bestimmter bzw. Vernachlässigung anderer Tendenzen ab.

Um so schwieriger ist es, die gegenwärtige Situation ohne den zeitlichen Abstand präzise zu beschreiben. Die Bezugspunkte in dem eingangs skizzierten Netz von Bedingungen, das eine fachdidaktische Konzeption entstehen läßt, sind nicht fest gefügt. Charakteristisch ist vielmehr das Nebeneinander vieler Ansätze in den einzelnen Teildisziplinen der „Wissenschaft vom Fremdsprachenunterricht" bzw. unterschiedlicher und z. T. widersprüchlicher Faktoren in den einzelnen Bedingungsfeldern.

Dennoch lassen sich einige Bezugspunkte angeben, die – wenngleich von den Fremdsprachendidaktikern unterschiedlich „verknüpft" und „gewichtet" – den gegenwärtigen Diskussionsstand kennzeichnen:

Pädagogische Orientierung: Nach einer Phase der Stoff-Faszination und der Konzentration auf objektivierbare und mit objektiven Testverfahren meßbare Lernziele im Bereich der sprachlichen Systeme eine stärkere Hinwendung zum *Lernenden als dem Subjekt* des Lernprozesses und zum *Lernprozeß* selbst.

Pragmatische Orientierung: Verlagerung der Zielsetzung geistig-formaler und bildungsorientierter Art auf Ziele im Bereich des Fremdsprachen*gebrauchs* (Fremdsprache als Mittel der Verständigung in Beruf und Freizeit).

Beide Orientierungspunkte betreffen nicht nur die wissenschaftstheoretische Grundlegung der Fremdsprachendidaktik als Bezugspunkte für die Integration fachwissenschaftlicher Befunde, sie betreffen auch die Unterrichtsinhalte und die Unterrichtsverfahren. Damit wird deutlich, daß sich die FS-Didaktik heute weder als Anhängsel an eine Fachwissenschaft betrachtet noch sich als „Umsetzer" von bestimmten – linguistischen, literaturwissenschaftlichen, kulturkundlichen oder lernpsychologischen – „Schulen" versteht, sondern, von den oben genannten Orientierungspunkten ausgehend, *integrativ* und *eklektisch* verfährt.

Linguistische Grundlagen
Erweiterung der Befunde strukturalistischer Sprachbeschreibung (vgl. audiolinguale Methode) um die Ergebnisse des *Kontextualismus* und der *Pragmalinguistik* (sprachliche Formen/Strukturen werden in ihrer *funktionellen Bedeutung* ermittelt; das sprachliche System wird als Instrument *menschlichen Handelns* gesehen); das Umfeld sprachlichen Handelns (Kontext; Situation; Sprecherrollen; außersprachliche und parasprachliche Mittel; Textsorten etc.) wird mitbedacht, ebenso Zwecksetzung,

Wirkung und Struktur von Kommunikationsabläufen. Im Zentrum des Lernprozesses steht deshalb nicht mehr der korrekt gebildete Satz oder das korrekt reproduzierte „pattern", sondern die kontext- bzw. situationsadäquaten Verstehensprozesse und Äußerungsweisen.

Lerntheorie

Sprachliches Handeln wird als *geistige Tätigkeit,* als kognitiver und kreativer Akt im sprachlichen „Handlungsspiel" aufgefaßt. Im Fremdsprachenunterricht wird sie – auf der Grundlage muttersprachlicher Kompetenz – strukturiert durch den Grad der Entwicklung von Verstehensstrategien und die Verfügbarkeit von Äußerungsmitteln.

Sprachliche Konditionierung im Sinne der behaviouristischen Lerntheorie hat ihren Platz in der Festigung bestimmter Äußerungsstrukturen im fremdsprachlichen Rollentraining. Ihr Wert als allgemeines Beschreibungsmodell für Fremdsprachenlernen ist insbesondere unter pädagogischen Prämissen fraglich geworden.

Landeskunde

Landeskunde im FU zielt insbesondere darauf ab, die Welterfahrung des Lernenden zu erweitern und ihm neue Sinnhorizonte zu vermitteln. Sie setzt bei den Erfahrungen, Kenntnissen, Einstellungen des Schülers, die er mit den Elementen, Einheiten und Strukturen seines eigenen Kulturkreises gewonnen hat, an und erweitert bzw. differenziert sie. Eine „Erziehung" mit Hilfe der kulturellen Normen und Werte der Zielkultur ist in diesem Konzept ebenso wenig sinnvoll wie das Pauken von „Fakten".

Methodische Verfahren: Differenzierte Darstellungen der Gegebenheiten der Zielkultur; Kontrastierung und Vergleich mit den vorhandenen Eigenerfahrungen.

Literatur/Textwissenschaft

Pragmatisch-funktionaler Aspekt: Verstärktes Eingehen auf Sachtexte, wie sie in fremdsprachlichen Kommunikationssituationen authentisch auftreten; Entwicklung von Strategien globalen und selektiven Verstehens (auch auf authentische Hör- und Hör-/Seh-Texte bezogen).

Pädagogischer Aspekt: Besondere Bedeutung fiktionaler Texte als „Auslöser" von Prozessen der Identitätsbildung und -aushandlung.

Pädagogische Theorie

Seit dem Ende der 60er Jahre rückt der Aspekt der Identitätsbildung und -aushandlung im Lernprozeß stärker in den Blickpunkt (Stichwort: Kommunikative Didaktik) und ergänzt den Aspekt der Stofforientierung an Lernzielen und curricularen Prozessen (Berliner Schule) bzw. der Stoffvermittlung (Kybernetische Didaktik) und der Orientierung an der Internalisierung und Reproduktion von Bildungsgütern (Bildungstheoretische Didaktik). Pädagogische Interaktion im Schulfeld wird als Prozeß der Identitätsaushandlung verstanden. Im Prozeß der Identitätsaushandlung werden Qualifikationen der Rollendistanz, Ambiguitätstoleranz, Empathie und Identitätsdarstellung bedeutsam.

Didaktische und methodische Prinzipien

Themenorientierung: (Prinzip der Betroffenheit des Schülers durch die Sachen; Anknüpfung an Erfahrungsstrukturen beim Schüler; Motivation) Verstehensleistungen als Ausgangspunkt; Integration von Medien.

Handlungsorientierung: Berücksichtigung pragmatisch-funktionaler Kategorien (Sprechabsichten); authentische Textsorten für gegenwärtigen und künftigen Fremdsprachengebrauch, Bedeutung des *classroom discourse;* Medienbezug; Rollentraining, Simulationen und Planspiele als pädagogisches Mittel; Unterrichtsorganisation (Partner- und Gruppenarbeit), Bezug zur Erfahrungswelt des Schülers (Handlungs,,geländer" bei der Themenaufgliederung und Bildung von Übungssequenzen); Verschränkung sprachlicher Tätigkeiten über die Fertigkeitsbereiche hinweg; Unterscheidung von diskursivem und partnerbezogenem Sprechen (,,über etwas" und ,,mit jemandem" reden); Unterscheidung und unterschiedliche Entwicklung der Verstehens- gegenüber der Mitteilungsgrammatik (sprachlicher Input ist nicht gleich dem erwarteten sprachlichen Output!).

Übungsformen

Es gibt keine ,,kommunikativen Übungen" als solche; entscheidend ist die Zwecksetzung von Übungen im Hinblick auf die Entwicklung von Kommunikationsfähigkeit.

Unter pragmatischem und pädagogischem Aspekt werden deshalb *Übungssequenzen* gebildet, die Kommunikationsakte
– vorbereiten
– aufbauen
– strukturieren,
– simulieren, bzw. solche sind (classroom discourse)[1].

Übungsketten beginnen – entsprechend den Phasen kommunikativen Handelns – bei Verstehensleistungen (Strategien des Textverständnisses) und zielen über die Stufen der Grundlegung und des Aufbaus der Mitteilungsfähigkeit auf die freie Äußerung. Eine ausführliche Übersicht über die Übungsformen finden Sie S. 44/45.

---

[1] vgl. H.-E. Piepho: ,,Ableitung und Begründung von Lernzielen im Englischunterricht", in: Bundesarbeitsgemeinschaft Englisch an Gesamtschulen (Hrsg.): *Kommunikativer Englischunterricht – Prinzipien und Übungstypologie,* München 1978, S. 19.

Michael Krüger

Übungsabläufe im kommunikativen Fremdsprachenunterricht

1. Verstehens- und Mitteilungsfähigkeit

Generelles Lernziel von kommunikativ-funktionalem Fremdsprachenunterricht ist Verstehens- und Mitteilungsfähigkeit (kommunikative Kompetenz). Diese hat drei Komponenten:
– eine inhaltliche
– eine soziale
– eine sprachliche (linguistische).

Die Planung von Übungsabläufen, die auf sprachliche Handlungen hinzielen, ist demnach nicht allein auf den sprachlichen Anteil von Kommunikation zu beschränken. Sie muß Inhalte/Themen zunächst berücksichtigen – der formale Anteil von Sprache steht hier in einem Abhängigkeitsverhältnis zum Inhalt. Inhalt ist dabei als der Zusammenhang von Verständigungsbereich (z. B. Freizeitgestaltung), Verständigungsanlaß (z. B. eine Verabredung treffen wollen), Verständigungssituation mit ihren verschiedenen Faktoren (z. B. Absicht, Rollen, Ort, Adressat) und landeskundlicher Information definiert.

Inhalte und Themen von Fremdsprachenunterricht müssen sich ihrerseits allerdings an den mittel- und längerfristigen Interessen, Problemen und Lebensumständen des Sprachlerners orientieren. Sie müssen ihn außerdem dazu befähigen, seine Verständigungsbedürfnisse und -interessen zunächst zu erkennen und dann differenziert zu realisieren. Dazu gehört auch, daß er lernt, wie man die Bedingungen einer Kommunikationssituation beeinflussen kann. Hierbei spielen landeskundliche Kenntnisse eine große Rolle. Weiterhin müssen das Offensein für Kommunikation, das Vermeiden von Aggressivität oder Unterwürfigkeit, von Unterstellungen, Vorurteilen und Stereotypen gewährleistet sein. Unter der Prämisse, daß

„ . . . das Erlernen einer Fremdsprache . . . eine – sprachlich vermittelte – kontrastive Erweiterung des ursprünglichen kulturellen Sozialisationsprozesses . . . "

bedeutet und daß

„ . . . Sprache als integraler Teil einer Kultur . . . nur ein Teil gesellschaftlicher Interaktion in einem bestimmten kulturellen Zusammenhang (ist) . . . "[1]

gilt, daß es eine Trennung von linguistischen und inhaltlichen Bestandteilen von Fremdsprachenunterricht, das heißt eine wertfreie, auf formale Aspekte bezogene Sprachvermittlung nicht gibt.

Das Lernziel der Verstehens- und Mitteilungsfähigkeit bedeutet nun nicht – wie im Vorhergehenden schon gesagt –, daß linguistische Teilsysteme von Sprache wie Phonologie, Lexik, Syntax nicht geübt werden müssen. Solche Übungen, z. B. zur Deklination oder zu den Zeitformen erscheinen oft als aus dem kommunikativen Zusammenhang losgelöst. Sie sind aber zur Organisation von formalen Fertigkeiten und

Erkenntnissen notwendig. Sie bilden gewissermaßen eine Vorstufe zum kommunikativen Gebrauch von Sprache. Über diese ,,Vorstufe" kommen herkömmliche Lehrwerke oft allerdings nicht hinaus. Das wird deutlich, wenn man die Verfahrensschritte einer Unterrichtseinheit untersucht. Diese laufen nicht selten nach dem folgenden Muster ab:

Textvorentlastung → Texteingabe → Fragen zum Textinhalt → Übungen zur Grammatik/Lexik → Textproduktion/Textreproduktion. (Vgl. dazu den Beitrag ,,Lehrwerkbearbeitung", S. 142 f.)

Die Qualität dieser ,,Textproduktionen" läßt vermuten, daß zwischen Texteingabe und Textproduktion mehr und andere Schritte, als bisher angeboten, liegen müssen – wobei zusätzlich zu bezweifeln ist, ob das jeweilige Ziel einer Unterrichtseinheit unbedingt die Textproduktion durch den Sprachlerner sein soll. Nicht weniger wichtig ist die Frage nach der Art und Qualität des Textes, der als erster Auslöser von Äußerungen und als Träger von Information im Unterricht verwendet wird.

2. Fertigkeiten

Im Zusammenhang mit der inhaltlichen Orientierung von Fremdsprachenunterricht und mit seiner Ausrichtung auf einen tatsächlichen Sprachverwendungszusammenhang außerhalb von Lehrwerk und Unterricht werden formale Fertigkeiten relativiert und in eine veränderte Funktion verwiesen. In den Vordergrund rücken statt dessen real benötigte Fertigkeiten zur Informationsentnahme aus gehörten und gelesenen Texten und Fertigkeiten zum interaktiven Sprechen und Schreiben.

Die sprachlichen Fertigkeiten, die jeweils zu üben sind, sind dementsprechend die rezeptiven Fertigkeiten des Hörverstehens (und des Hör-Seh-Verstehens), des Leseverstehens und die sprachproduktiven Fertigkeiten des Schreibens und Sprechens. Hinzu kommt hier das Training gewisser Techniken (study skills) wie das Gliedern von Texten oder das Benutzen von Wörterbüchern. Die Nennung einzelner Fertigkeitsbereiche bedeutet nicht, daß sie auch getrennt eingeübt, überprüft und gebraucht werden. Die genannten Fertigkeiten sind interdependent. Ein Beispiel für diese gegenseitige Verflochtenheit ist das Notizenmachen bei einer Diskussion. Hier sind die Bereiche Hörverstehen und Schreiben betroffen. Wenn eine telefonische Nachricht schriftlich an jemanden weitergegeben wird, sind die Bereiche Hörverstehen, Sprechen und Schreiben betroffen. Alle Fertigkeiten sind somit kombiniert oder integriert. Müssen sie im Unterricht isoliert geübt werden, sind sie in einer späteren Phase wieder zu integrieren. Keineswegs ist daran zu denken, aus der Existenz verschiedener Fertigkeitsbereiche eine Phasierung oder Progression von Fremdsprachenunterricht vom Hörverstehen über das Leseverstehen zum Sprechen und Schreiben herzuleiten.

Untersuchungen zur tatsächlichen Verwendung von Fertigkeiten im muttersprachlichen Bereich haben ergeben, daß die Häufigkeit, mit der sie benötigt werden, vom Hörverstehen bis zum Schreiben stark gestaffelt ist. In Zahlenrelationen ausgedrückt ist das Verhältnis von Hörverstehen zu Leseverstehen zu Sprechen zu Schreiben wie 8:7:4:2.[2]

Mit Schreiben, das hier eine geringe Rolle spielt, ist Schreiben als produktive Tätigkeit (z. B. beim Abfassen von Briefen oder Berichten) gemeint, nicht aber das

Schreiben, das stützende Funktion z. B. beim Anfertigen von Notizen zu einer Weg-beschreibung oder von Stichworten bei einer Diskussion hat.

Typisch für herkömmliche Übungsanweisungen sind folgende Beispiele aus – beliebig herausgegriffenen – Lehrwerken:

Beispiel 1: **Übe folgende Sätze**

Peter soll nicht immer Kaugummi kaufen.	Kaufe nicht immer Kaugummi!
Die Schüler sollen nicht immer Eis kaufen.	Kauft nicht immer Eis!
Herr Müller soll nicht immer Kugelschreiber kaufen.	Kaufen Sie nicht immer Kugel-schreiber!
Inge soll auf die Mutter warten.	Warte auf die Mutter!
Die Schülerinnen sollen auf den Lehrer warten.	Wartet auf den Lehrer!
Frau Müller soll auf Frau Hausmann warten.	Warten Sie auf Frau Hausmann!
Heinz soll sich nicht irren.	Irre dich nicht!
Jürgen und Peter sollen sich nicht irren.	Irrt euch nicht!
Herr Becht soll sich nicht irren.	Irren Sie sich nicht!

Maters, Bezem, van Essen: *Kennzeichen D,* Textbuch 1, Groningen 1978, S. 88.

Beispiel 2: **Übung 1:** *Antworten Sie mit „nein"!*

noch   kein –mehr

Beispiel: Kauft Herr Müller noch ein Heft? – Nein, er kauft kein Heft mehr.

1. Haben Sie noch ein Markstück?   Nein, — — — — — .
2. Hat Peter noch einen Fehler?   Nein, — — — — — .
3. Hat das Haus noch eine Tür?   Nein, — — — — — .
4. Haben Sie noch eine Frage?   Nein, — — — — — .
5. Haben Sie noch Unterricht?   Nein, — — — — — .
6. Habt ihr noch Zeit?   Nein, — — — — — .
7. Haben Sie noch Geld?   Nein, — — — — — .
8. Kaufst du noch Bücher?   Nein, — — — — — .

Übung 2: *Rechnen Sie!*

Wieviel ist drei und vier? $3 + 4 = 7$
Wieviel ist fünf weniger drei? $5 - 3 = 2$

$8 + 4$	$7 - 4$	$12 + 10$	$143 - 33$
$6 + 2$	$9 - 3$	$40 + 8$	$155 - 40$
$3 + 5$	$8 - 5$	$95 + 25$	$126 - 26$
$7 + 9$	$6 - 2$	$77 + 17$	$555 - 50$

Übung 3: *Bilden Sie Singularformen!*

Beispiel: Wir haben keine Fehler. – Ich habe keinen Fehler.

1. Ihr versteht die Wörter nicht.   4. Die Zimmer kosten viel Geld.
2. Die Kinder schließen die Fenster.   5. Die Schülerinnen schreiben Sätze.
3. Sie haben keine Bleistifte.   6. Wir fragen die Lehrer.

Schulz/Griesbach: *Deutsche Sprachlehre für Ausländer.* Neubearbeitung., 3. Aufl., München 1968, S. 211.

Diese Anweisungen vom Typ „Bitte ergänzen Sie" tendieren dazu, Fertigkeiten zu isolieren. Anders sieht es in Beispielen aus, die einem funktional orientierten Lehrgang entnommen sind:

– Folgende Personen kennen Sie nur flüchtig. Wie grüßen Sie?
– Widerlegen Sie die Behauptungen des Textes.
– Formulieren Sie die Fragen höflicher.
– Bedanken Sie sich für die Auskunft.
– Sagen Sie es intensiver.
– Stimmen Sie folgenden Vorschlägen zu oder lehnen Sie sie ab.
– Schreiben Sie eine Karte an Ihren Freund.
– Notieren Sie, was das Arbeitsamt wissen möchte.
– Buchen Sie eine Reise nach . . .

Texte und Situationen I, Almanca Ders Kitabi, Ankara 1974.

Es ist offensichtlich, daß Übungsanweisungen dieses Typs Abläufe realer Verständigungssituationen in einer Weise simulieren, die es möglich macht, daß verschiedene Fertigkeiten integriert und kombiniert statt isoliert geübt werden.

3. Sprachhandlungen und Übungsschritte

In den Phasen der Informationsaufnahme und Informationsverarbeitung von fremdsprachlichen Texten – wobei der Textbegriff hier vom Verkehrszeichen bis zum Kommentar geht – sind vier Schritte zu unterscheiden:

A Entwicklung von Verstehensleistungen
Bei der ersten Begegnung mit einem fremdsprachlichen Text im Unterricht braucht der Sprachlerner Hilfen zum Verstehen der darin enthaltenen Information. Außerdem soll er überprüfen können, ob er die wichtigsten Informationen richtig erfaßt hat. Natürlich nimmt ein Hörer/Leser nicht die Gesamtheit der Informationen in allen Details auf. Ziel der Selbstkontrolle oder der Überprüfung durch den Lehrer ist also nicht das korrekte Beantworten von Fragen nach Einzelinformationen nach folgendem Muster:

Fragen zum Lückentext

1. Ist Frau Ziegler Röntgenassistentin oder Ärztin?
2. Wohin geht sie heute?
3. Warum geht sie zum Reisebüro?
4. Was sieht man im ersten Schaufenster?
5. Interessiert betrachtet Frau Ziegler das zweite Schaufenster. Was sieht sie da?
6. Wie fühlt sich Frau Ziegler, wenn sie die steilen Felsen und die Abgründe sieht?
7. Was erklärt Frau Ziegler der Dame im Reisebüro?
8. Was holt die junge Dame?
9. Die Dame überlegt. Was sagt sie dann?
10. Wieviel kostet alles zusammen?
11. Frau Ziegler denkt nach. Was sagt sie dann zu der Dame?

E. Johannes, K. Karlsson, B. Larsson, *Komm her,* Texte 2 Mavo. Für Mavo bearbeitet von J. Scheele, Zutphen o. J. [1975?], S. 5.

Die Übungen in dieser Phase sind mechanisch-reproduktiv und haben ihrer Funktion gemäß kreative Sprachproduktion noch nicht zum Ziel.

Zu den Übungen gehören Typen wie Richtig-Falsch-, Verbindungs-, Antwort-Auswahl-Übungen usw., (vgl. die Liste S. 44). Das folgende Beispiel demonstriert, wie die inhaltliche Information eines Sachtextes auf das Wesentliche reduziert neu organisiert wird. Variationen in der Form der Verstehens-/Überprüfungs*hilfe* sind je nach Funktion und Unterrichtsphase angebracht.

Einbruch in eine Villa

Dillenburg (dp). In eine Villa in der Ilmenkuppe in Dillenburg sind am Freitag zwischen 18.30 und 22.30 Uhr Diebe eingedrungen, die offensichtlich beobachtet hatten, wie die Eigentümerin das Haus verließ. Die Täter hatten schon mehrere wertvolle Teppichbrücken zusammengerollt und zum Abtransport bereitgelegt, als sie von der zurückkehrenden Frau offenbar gestört wurden und ohne Diebesgut verschwanden. Der angerichtete Sachschaden beträgt 200 DM. Möglicherweise die gleichen Unbekannten haben am Donnerstag oder Freitag in Fleisbach versucht, in ein Wohnhaus einzudringen. Sie richteten auch dort lediglich Sachschaden in Höhe von 500 Mark an.

(Dillpost vom 20.7.1977)

1. *Beispiel für Zuordnungsübung*

Die Diebe	beträgt DM 200,–
Der Sachschaden	ist eingebrochen worden
In eine Villa	störte die Diebe
Die Einbrecher	hatten Teppiche zusammengerollt
Eine Frau	wurden überrascht

Bei dieser Form kann gleichzeitig das wichtigste neue Vokabular wiederholt werden.

2. Die gleiche Zuordnungsaufgabe kann als Alternativaufgabe gegeben werden, d. h. es ist von zwei gegebenen Feststellungen nur eine richtig und anzukreuzen

	richtig	falsch
Die Diebe stahlen Teppiche.		×
Die Diebe kamen abends.	×	
Die Diebe blieben ungestört.		×
Der Schaden betrug DM 200,–	×	

3. Wenn man diese Form erweitert, erhält man die Multiple-Choice-Form.

Die Diebe stahlen –

– zahlreiche Dinge	A
– einige Teppiche	B
– etwas Geld	C
– keine Sachen	D

Bei längeren oder komplizierteren Texten sind zunächst mehr Hilfen notwendig, z. B. Worterläuterungen und inhaltliche Vorinformationen. Nach und nach sollten die Sprachlerner zum selbständigen Erfassen von Texten gebracht werden, indem sie eine Progression von Hör- und Lesetexten – d. h. vom einfachen Text geringeren Schwierigkeitsgrades bis zum nicht didaktisierten Originaltext (Nachrichten, Interviews, Reden, Essays usw.) – erfahren.

Selbstverständlich sind je nach Unterrichtsziel auch Übungen möglich, die über das globale Verstehen von Information hinausgehen; Übungen also, die selektives Verstehen, d. h. die Entnahme ganz bestimmter Informationen, und Übungen, die detailliertes Verstehen, d. h. die Entnahme jeder einzelnen Information (z. B. bei Gebrauchsanweisungen) üben.

B Grundlegung von Verständigungsfähigkeit

Nach dem ersten Verstehen einer Information/von Informationen sind Redemittel zum Ausdrücken erster Reaktionen auf den Inhalt zur Verfügung zu stellen und zu üben. Anders gesagt: es geht um Sprachfunktionen und ihre Realisierungen. Hier ist im übrigen auch der Ort für stark gesteuerte Übungen zur Organisation der Formen einer Fremdsprache, also zu Grammatik und Syntax.

Die Übungen in diesem Schritt sind noch reproduktiv und stark gelenkt, bereiten aber grundlegend den freien Gebrauch von Sprache vor. Zu den Übungen zählen Einsetzübungen, Spiele zur Aktivierung von Wortschatz und Strukturen (z. B. Kartenspiele), Sprachlaborübungen usw. Hierzu findet man übrigens eine ganze Reihe bewährter Übungen in den gängigen Lehrwerken, so daß auf Beispiele hier verzichtet wird. Wichtig ist allerdings, daß mit den B-Übungen der Fremdsprachenunterricht sein Ziel der Verstehens- und Mitteilungsfähigkeit noch nicht erreicht hat und auch nicht erreichen kann.

C Entwicklung von Verständigungsfähigkeit

Der Übergang vom B- zum C-Schritt ist fließend und ist hauptsächlich durch weniger starke Steuerung der Verständigungsleistungen der Sprachlerner bestimmt. Dementsprechend sollen Übungen mit geringerem Steuerungscharakter zu stärkerer produktiver Verwendung von
– sprachlichen Mitteln
– inhaltlichen Informationen
führen. Weiterhin kommt hier das Üben und der Gebrauch bestimmter Arbeitstechniken (Textentschlüsselungstechniken, Notizenmachen, Gebrauch eines Wörterbuchs etc.) hinzu.

Zu den Übungstypen dieses Schrittes zählen gelenkte Äußerungen, Herstellen von Texten nach Stichwörtern oder über visuelle Hilfen, Notizenmachen für künftige Äußerungen usw.

Beispiel für eine Aufgabe, die Sprachlerner in die Lage versetzen soll, einen Inhalt gelenkt, aber in eigenen Worten wiederzugeben:

Meinungsäußerung: ,,Alle Ausländer sollten das Land verlassen."

PRO	CONTRA
Zustimmen und einen Grund angeben	nach Begründung fragen Grund angeben
Überlegung, was zu tun wäre	Ablehnen / Gegeneinwand

Zustimmen und Vorschlag erweitern / konkretisieren	Auf Meinung beharren / weiteren Grund angeben
Zustimmung	Ablehnung bekräftigen / Einigung ablehnen
Beenden der Unterhaltung	Abbruch der Unterhaltung

Diese Art von Gesprächsketten geht von einer Meinungsäußerung bzw. einem Vorschlag aus und führt über Einwände und Gegeneinwände, über Zögern, Einlenken, Zustimmen o. ä. bis zu einer Lösung oder zum Abbruch eines Gesprächs. Die Redemittel sind eventuell auf einem Arbeitsblatt vorzugeben. Sie können auch aus einer vorhergehenden Unterrichtsphase stammen und von den Sprachlernern aus Texten selbst herausgesucht und zusammengestellt worden sein.

D Freie Meinungsäußerung / Anwendung in Simulationen
Nach der Entwicklung von Verstehens- und Mitteilungsleistungen mit Hilfe von notwendigerweise mehr oder weniger stark steuernden Übungen soll der Sprachlerner dazu kommen, das bis hierher erworbene inhaltliche Wissen, die sozial-interaktiven Verhaltensweisen und das sprachliche Können frei anzuwenden. ,,Frei" ist auch hier immer noch auf die Simulation im Unterricht beschränkt, beinhaltet jedoch verstärkt die flexible Übertragbarkeit auf Verwendungszusammenhänge außerhalb des organisierten Sprachunterrichts.

Handeln in der Fremdsprache soll spontan zu einem Sachverhalt, begründend oder kommentierend erfolgen. Hierzu können im Unterricht Hilfen in Form von Tabellen mit thematisch zugeordneten Sprachmitteln und beispielhaften Diskursabläufen gegeben werden. Diese können durchaus vorhergehenden Übungsschritten entstammen, zum Beispiel einem Übungsablauf mit C-Charakter. In Abläufen mit D-Charakter dienen diese Sprachmittel und Diskursabläufe jedoch nicht mehr Übungszwecken, sondern sollen Hilfen bei der Meinungsäußerung sein. Ihre mediale Funktion verlangt nach einer thematischen Zuordnung innerhalb einer Verständigungssituation, sonst laufen sie Gefahr, zu Formalübungen abzugleiten.

Beispiele für Aufgaben in diesem Bereich können sein:
– Jemand versucht, Sie zum Kauf eines . . . zu überreden. Sie sind dagegen, wollen aber nicht unhöflich sein. Wie verhalten Sie sich?
– Sie haben bei der Zugauskunft eine falsche Information erhalten und beschweren sich. Der Beamte verhält sich sehr unhöflich. Wie verhalten Sie sich?
– Ein Bekannter hat sich vor Tagen Ihren . . . geliehen. Versuchen Sie, . . . zurückzubekommen – einmal freundlich – einmal unfreundlich.
– Einer Ihrer Sprachschüler weigert sich, einen Test mitzuschreiben. Benutzen Sie einmal Mittel des Befehlens, einmal Mittel des Überzeugens.

Die Übungsschritte A-B-C-D und die ihnen zuzuordnenden Übungstypen sind prinzipiell offen, d. h. ihre Anwendung folgt allein den Kriterien der Schwierigkeit der Textsorte und den Bedürfnissen der Lerngruppe. Die Übungsschritte stellen keineswegs auch gleichzeitig Unterrichtsphasen dar, wie dies z. B. in der audiovisuellen

Methode üblich ist. Sie sind vielmehr mögliche Schritte des Umgangs mit fremd-sprachlichen Texten. Bei Texten schwierigen Inhalts wird die A-Phase länger sein müssen als bei inhaltlich leichteren Texten, bei denen es möglich ist, daß weder eine A- noch B-Phase nötig ist.

Ein Blick auf herkömmliche Lehrwerke mit ihren Übungsanweisungen bestätigt, daß sie meistens über eine A- oder B-Phase nicht hinausgelangen (vgl. den Beitrag „Lehr-werkbearbeitung", S. 142 f.).

Auf den Bereich der mündlichen Verständigungsleistungen bezogen, kann ein Unter-richts- und Übungsablauf wie folgt geplant werden[3]:

1. Phase: Erläuterung der Lernziele
- Beschreiben der Verständigungsaufgabe in der Muttersprache.
- Zusammentragen von Redeakten, die im Rahmen des Verständigungsanlasses ver-wirklicht werden müssen. Der Lehrer gibt die fremdsprachlichen Redemittel (Äußerungen) an.
- Evtl. Entwickeln einer Gesprächskette
- Vorspielen eines Mustergesprächs, Schüler versuchen herauszufinden, um welchen Verständigungsanlaß und welche Rollen es sich handelt und welche Absichten die Beteiligten verfolgen.

2. Phase: Bereitstellen der Redemittel
- Aktivieren bereits bekannter Redemittel für die Bewältigung der Verständigungs-aufgabe: Lexis und Äußerungen. Schüler wirken bei der Bereitstellung der Rede-mittel mit.
- Einführen neuer benötigter Redemittel (Tafel, Tageslichtprojektor, Zeitungsaus-schnitte, Realia), dabei Ausspracheschulung, Sicherstellen des Verstehens, wenn nötig unter Verwendung der Muttersprache, Erklären der Strukturwörter, der mor-phologischen Formen und Satzmuster.
- Einbauen der Redemittel in Gesprächsabläufe.

3. Phase: Üben und Anwenden der Redemittel
- Wortschatzübungen:
  Bilder beschriften
  Einsetzübungen
  Kreuzworträtsel
- Üben von Satzmustern und morphologischen Elementen:
  Ausfüllen von Lückentexten
  Zuordnungsübungen
  Umformübungen
- Üben von Gesprächsabläufen –
  mündlich:
  Durchspielen und allmähliches Erweitern von Diskursketten (z. B. Vorschlag – Zustimmung – Entschluß)
  Sozialform: Partner- und Kleingruppenarbeit, mit oder ohne Stützung durch Mustergespräche, Redemittelblätter und Diskursketten, evtl. mit Kassettenre-corder

schriftlich:
- Schreiben als unterstützende Tätigkeit beim Sprechenlernen:
  Einsetzen der fremdsprachlichen Redemittel in Gesprächsgerüste mit vorgegebenen (im Anfangsunterricht muttersprachlichen) Redeabsichten
  Einsetzen der fremdsprachlichen Redemittel in Diskursketten (geeignet für Einzel- und Partnerarbeit)
  Abfassen von Gesprächsabläufen bei Vorgabe von Gesprächsanlaß, Rollen und Absichten der Beteiligten
- Schreiben als eigenständige kommunikative Tätigkeit:
  Verfassen von Briefen und Briefteilen
  Verfassen von Beschreibungen für bestimmte Adressaten
  Verfassen von Notizen
- Übertragung auf andere Verständigungsanlässe:
  Gemeinsam weitere Anlässe sammeln, für deren sprachliche Bewältigung die geübten Redeakte erforderlich sind.
  Evtl. Durchspielen solcher Anlässe.
- Bewußtmachung morphologischer und syntaktischer Gesetzmäßigkeiten:
  Grammatische Erklärungen traditioneller Art, allerdings in den Beispielen bezogen auf bestimmte Verständigungsanlässe, nicht mit beliebigen Beispielen. Erklärungen im Anfangsunterricht in der Muttersprache.

4. Textsorten und Übungsabläufe

Die Schritte von A nach D sowie der Gebrauch der verschiedenen Fertigkeiten sind selbstverständlich innerhalb einer Unterrichtseinheit nicht an jeweils nur einem einzigen Text zu vollziehen. Im Gegenteil sollten einem Thema viele und verschiedenartige Textsorten zugeordnet werden. Die Zuordnung von Verständigungsanlaß und Textsorte auf der einen Seite und Textsorte und sprachlicher Tätigkeit auf der anderen Seite ist oft nicht zwingend, sollte aber auf jeden Fall aus Gründen der Annäherung an eine reale Verwendungssituation im Unterricht vorgenommen werden.

Wenn hier von Texten und Textsorten gesprochen wird, sind immer authentische Texte gemeint. „Authentisch" meint hier nicht unbedingt dokumentarisch. Ein Text kann oder muß für unterrichtliche Zwecke aufbereitet und didaktisiert werden. Dabei muß er aber – um weiterhin dem Anspruch der Authentizität zu genügen – die typischen Merkmale von authentischen Texten aufweisen:

- Ein authentischer Text hat immer eine Intention, er will etwas mitteilen (und dieses Mitteilen darf sich nicht in der Vermittlung situativ verpackter Grammatik erschöpfen).
- Ein authentischer Text hat entsprechend seiner Mitteilungsabsicht einen Adressaten in der Realität.
- Ein authentischer Text hat eine bestimmte Form (Bericht in der Zeitung/im Rundfunk/im Fernsehen).

Analysen vieler Lehrwerke haben gezeigt, daß ein künstlich erstellter, außerhalb der Lehrbuchrealität nicht existierender Text interaktive Übungsabläufe erst gar nicht ermöglicht und deshalb meistens schon bei B-Übungen stehenbleibt.

Im Grunde eignet sich dabei jeder authentische Text der Fremdsprache – vom Fahrplan bis zum Gedicht – für den Unterricht. Wichtig ist hierbei nur, daß mit der Textsorte und ausgehend von der Textsorte sprachliche Tätigkeiten verbunden werden können, d. h. daß sie so gewählt werden, daß das Kommunizieren über ein Thema, über einen Gegenstand möglich wird. Die Verwendung authentischer Texte bedeutet auch, daß sie in ihrer medialen Eigenart belassen werden. Es ist meistens ungünstig, einen Hörtext als Lesetext oder umgekehrt anzubieten. Der Sprachlerner, der in Frankreich, Dänemark, Kanada oder Algerien Deutsch als Fremdsprache lernt, begegnet der Zielsprache jeweils über Medien, selten im direkten Kontakt mit einem Sprecher/Schreiber der Fremdsprache.

Beispiel

Ein relativ komplexes Beispiel, mit dem sich der Zusammenhang von Verständigungsanlaß, Textsorten und kommunikativen Tätigkeiten aufzeigen läßt, bildet folgende Sequenz. Hier können Textsorten wie Landkarten, Fahrpläne, Wetterberichte, Reiseführer, Prospekte, Verkehrsdurchsagen des Rundfunks, Hotelverzeichnisse usw. zugeordnet werden. Die Aufgaben könnten so aussehen:

– Sie befinden sich im Land der Zielsprache. Sie sind vier Personen und wollen einen Ausflug in die weitere Umgebung von . . . unternehmen.
– Besorgen Sie eine Autokarte und einen Reiseführer der Umgebung von . . . in einem Geschäft oder in einer Bücherei.
– Entscheiden Sie sich in einem Gruppengespräch, in dem verschiedene Meinungen vertreten werden, für zwei mögliche Ziele.
– Überlegen Sie die Transportmöglichkeiten. Da man mit einem Auto eventuell beide Ziele besuchen könnte, versuchen Sie, ein Auto zu besorgen, rufen deshalb einen Freund (Sprecher der Zielsprache) an und überreden ihn zum Mitfahren. Legen Sie sich dazu vorher eine Argumentationskette zurecht. Beschreiben Sie ihm auch anhand des Stadtplanes, wann und wo er Sie zur Besprechung von Einzelheiten findet und wo er parken kann.
– Es gelingt Ihnen nicht, Ihren Freund zum Mitfahren zu überreden. Sie benötigen also immer noch ein Auto. Rufen Sie deshalb jetzt verschiedene Autoverleihfirmen an und erkundigen Sie sich nach Preisen, Mietbedingungen und Gültigkeit ausländischer Führerscheine. Führen Sie ein echtes Gespräch oder simulieren Sie es. Nehmen Sie es auf Tonband auf.
– Führen Sie ein Telefonat oder ein direktes Gespräch mit einem Reisebüro und informieren Sie sich über Unterkunftsmöglichkeiten an Ihren beiden Ausflugszielen, über Preise und evtl. Gruppenermäßigungen. Auch die Auskunft der Bundesbahn kann in ein Informationsgespräch einbezogen werden. – Nehmen Sie auch diese Gespräche auf Tonband auf. Entscheiden Sie sich für eine Unterkunft und einen Zielort. Legen Sie die Reiseroute fest. Benutzen Sie dazu die bisher erhaltenen Informationen sowie die Landkarte und den Reiseführer.
– Informieren Sie sich über das Wetter und benutzen Sie dazu die Wettervorhersagen aus Radio, Zeitung oder Fernsehen. Entscheiden Sie in einem Gruppengespräch, was Sie mitnehmen müssen.
– Informieren Sie sich über die Verkehrslage an den Reisetagen. Rufen Sie dazu einen Automobilclub an oder/und hören Sie Verkehrsdurchsagen im Rundfunk. Machen Sie sich mit evtl. abweichenden Verkehrsregeln des Landes vertraut.

Handlungsorientierte Aufgaben, die sich an einen Hörtext vom Typ Verkehrsdurchsage anschließen könnten, wären das Nachsehen auf einem Atlas, das Diskutieren anderer als der in der Durchsage gegebenen Fahrmöglichkeiten, das Befolgen der Empfehlungen oder das Verbleiben auf der Originalstrecke usw. Gleichzeitig könnte hier auch die Technik des stichwortartigen Mitschreibens geübt werden. Solche Abläufe lassen sich verzweigt planen. So ist auch dieses Beispiel keineswegs so gedacht, daß es unbedingt in dieser Folge in jeder Art von Unterricht abrollen sollte. Er ist für relativ fortgeschrittene Sprachlerner gedacht und soll in Anregungsfunktion die zahlreichen Möglichkeiten zur Verknüpfung von authentischen Textsorten und sprachlichen Handlungen aufzeigen. Das sei in nachfolgendem Verlaufschema noch einmal verdeutlicht.

Verständigungsanlaß: Planung eines Wochenendausfluges in Deutschland

Handlung	*Textsorten als Äußerungsanlaß*	*Hilfen*
Simulation Verkaufsgespräch		Redemitteltabellen Einkauf
Gruppendiskussion	Reiseführer Straßenkarte Prospekte	Redemitteltabellen Pro/Contra-Meinungsäußerungen
Telefongespräch	Stadtplan	Argumentationskette
Telefongespräche Notizenmachen		Katalog von Fragen Diskurskette ,,Auskünfte einholen"
Informationsgespräche (direkt/telefonisch)		Fragenkatalog
Gruppengespräch Liste von Vor- und Nachteilen der Zielorte erstellen	Straßenkarten Reiseführer Prospekte Hotelverzeichnisse Preislisten	
Informationsentnahme Notizenmachen	Wetterberichte auf verschiedenen Trägern	
Gruppengespräch Prioritätenliste von mitzunehmenden Dingen und geplanten Unternehmungen anlegen		
Informationsentnahme	Verkehrsberichte (Hörtexte) Verkehrszeichen	

Die Weiterentwicklung über das, was in systemlinguistisch orientierten Lehrgängen angeboten wird, ist an diesem Beispiel deutlich zu sehen. Die Weiterentwicklung besteht darin, daß diese Übungen zu relevanten Sprachhandlungen und Verstehensakten führen. Die Übungsformen ermöglichen es den Lernenden, verschiedene mögliche Verläufe eines Verständigungsvorgangs selbständig zu planen und durchzuspielen. Kooperative Arbeitsformen gewährleisten eine Mitgestaltung des Unterrichts durch den Schüler, dem es z. B. möglich wird, eigenes Material in den Unterricht einzubringen.

Ein so weiterentwickelter alternativer Fremdsprachenunterricht, der von Verständigungsanlässen und -bereichen her geplant ist, der Textsorten und Medien so auswählt, daß sie Übungs- und Sozialformen ermöglichen, die zu kommunikativen Handlungen führen, die im Leben außerhalb der Schule so tatsächlich ablaufen können, wird für Schüler wie Lehrer befriedigender und letzten Endes auch erfolgreicher sein als ein Unterricht, in dem das Erlernen sprachlicher Formen „Selbstzweck" ist.

---

[1] Jürgen Kramer: „Cultural Studies versus Landes-/Kulturkunde", in: J. Kramer (Hg.), *Bestandsaufnahme Fremdsprachenunterricht*, Stuttgart 1976, S. 140–150.
[2] Vgl. G. Evans, E. Pastor: *Communication 121/2. Field survey of language skills and real job needs*, Swedish International Development Authority, Stockholm 1972.
[3] Peter Mohr: *Unterrichtsphasen und Übungsformen für kommunikativen Unterricht im Bereich der mündlichen Interaktion*, unveröffentl. MS, Wiesbaden 1979.

Michael Krüger

Sozial- und Übungsformen im Fremdsprachenunterricht

1. Der Zusammenhang von Sozial- und Übungsformen

Jede Art von Lernen ist jeweils nicht nur Erwerb von Fachkenntnissen und von Fähigkeiten, sondern immer auch gleichzeitig Lernen von Erkenntnissen, Verhaltensweisen und Einstellungen. Das trifft besonders auf die Situation des Lernens in einer Gruppe von Mit-Lernern wie im Schulunterricht in der Klasse oder in der Universität im Hörsaal zu. Nicht zu vergessen ist dabei, daß Verhaltensweisen und Einstellungen auch dann gelernt werden, wenn sie nicht explizit als Lernziele in unseren Unterricht aufgenommen sind. Dieses liegt in verschiedenen Faktoren begründet:
– Sprache – auch Fremdsprache – transportiert immer Inhalte. Sie ist niemals wertfrei.
– Unterricht erfolgt nach bestimmten Methoden. Negativ wirkt sich hierbei die rigide Einschränkung auf nur eine Methode, z. B. die audiovisuelle Methode im Fremdsprachenunterricht aus. Gerade diese Methode setzt sich als Ziel, daß der Schüler jeweils, ohne nachfragen oder überlegen zu können, ,,automatisch" reagieren muß.
– Sprachlehrer und Sprachlerner haben bestimmte Haltungen zum Fach und zueinander und kommunizieren entsprechend miteinander.

Diese Faktoren, die jeden Sprachunterricht bestimmen, sind für den Unterricht unter kommunikativer Zielsetzung *geplant* zu berücksichtigen. Wenn man Sprache als soziales Medium des Umgangs miteinander versteht, ist offensichtlich, daß das Erweitern der sprachlichen Kompetenz eines Menschen auch gleichzeitig die Erweiterung seiner sozialen Handlungskompetenz bedeutet. Dieses trifft auch besonders auf das Erlernen einer Fremdsprache zu: Die Erweiterung der fremdsprachlichen Verständigungsfähigkeit erweitert gleichzeitig die Fähigkeit, Kontakte im fremdsprachlichen Bereich aufzunehmen. ,,. . . das Sprachenlernen ist ab einer gewissen Stufe primär soziales Lernen, das eine Didaktik erfordert, die nicht ausschließlich auf die Imitation formaler Eigenschaften der Sprache zielt, sondern an den Bedingungen der eigenen Lebenspraxis anknüpft."[1]

Sprachliches Handeln findet in einem sozialen Bezugsrahmen statt, der mehrere Dimensionen hat:
– den *Adressaten*, d. h. mit wem kommuniziere ich;
– die *Rollen*, d. h., als wer oder was kommuniziere ich mit wem;
– die *Absicht und die Stimmungslage*, d. h. zu welchem Zweck werde ich kommunikativ tätig;
– der *Ort und die Zeit*, d. h. wo, zu welcher Tageszeit, zu welcher Gelegenheit kommuniziere ich mit wem. Situation kann nicht heißen ,,In München" oder ,,Auf der Post". Mit solchen Überschriften ist nichts darüber ausgesagt, als was ich mit wem in welcher Absicht bei welcher Gelegenheit reden will.

Diese Faktoren bestimmen jede Kommunikationssituation in der Weise, daß sie gewissermaßen ein bereits vorhandenes System von Koordinaten bilden, in die die sprachlichen Mittel von den Kommunikationspartnern eingebracht werden. Die Auswahl von Redemitteln geschieht also keineswegs neutral, wertfrei oder allenfalls nach Stilebenen geordnet.

Auf die Planung von Fremdsprachenunterricht bezogen, lassen sich diese Koordinaten detailliert so beschreiben[2]:

Wer kommuni- ziert . . .	1. mit wem? 2. in welcher Situation? (setting) 3. als was? (Rolle) 4. worüber? 5. mit welchen Absichten? 6. mit welchen Redemitteln? (Lexis, Syntax, Äuße- rungsmuster, Prosodie)

Mit wem? und Als was?	Umfaßt Rollen und Rollenbeziehungen: Als was redet der Sprecher und mit wem?

als Freund   mit einer Freundin
    Tourist   einem Fremden
    Auskunft-   einer Autoritätsperson
    suchender   einem Familienmitglied
    Erklärer   einer offiziellen Stelle
    Einladender   usw.
    usw.

Dazu kommen jeweils personale Momente wie Höflichkeit, Dankbarkeit, Distanzierung und Stimmungsfaktoren wie Ärger, Humor, Ungeduld, Unzufriedenheit usw.

In welcher Situation?	Betrifft sowohl den geographischen Ort, die Zeit, den gesellschaftlichen und sachlichen Kontext, z. B. im Straßenverkehr, in einer Firma oder bei Freunden, im Unterricht, bei einer Sportveranstaltung etc.

Es macht auch gewiß einen Unterschied, ob ich jemanden nachts auf unbeleuchteter Straße um Feuer bitte, oder ob ich dasselbe am Morgen von einem Kollegen im Lehrerzimmer erbitte.

Worüber? und Mit welchen Absichten?	Umgreift den Gesprächsgegenstand, die kommunikative Absicht, Redestrategien und Sprechintentionen: zum Beispiel Fragen, Erklären, Beantworten, Auskunft geben, jemanden überzeugen/oder überreden, jemanden informieren, sich bei jemanden entschuldigen.

Zu den genannten Faktoren kommen noch die Übermittlungsformen hinzu. Es kann z. B. die Kommunikation erheblich behindern, wenn man gegen Verkehrslärm anreden muß, oder es ist ein Unterschied, ob eine Information schriftlich, mündlich direkt oder durchs Telefon übermittelt wird.

Beispiel für die Schritte 1–5 der Beschreibung:
Kommunikationsanlaß: ,,Jemand möchte eine Auskunft''
– ,,Können Sie mir sagen, wann der nächste Zug nach München fährt?''
– ,,Nach München – um 14.10 Uhr, Bahnsteig 11.''
– ,,Hat der Zug einen Speisewagen?''
– ,,Ja, ab Münster.''
– ,,Vielen Dank.''
Wenn wir dieses kurze Gespräch auf seinen kommunikativen Zusammenhang hin analysieren, erhalten wir folgendes:

1. – Jemand spricht mit einem Auskunftsbeamten
2. – in der Situation ,,Auf einem Bahnhof''
3. – in der Rolle eines auskunftsuchenden Reisenden
4. – über Zugverbindungen nach München
5. – mit der Absicht, Genaueres über eine geplante Reise zu erfahren.

Mit welchen Redemitteln?

Was volkstümlich mit ,,Der Ton macht die Musik'' ausgedrückt wird, ist nichts anderes als die Erkenntnis, daß jegliche Äußerung immer in einem sozialen Kontext über angemessene Register gemacht wird und daß die Vernachlässigung der sozialen Bestimmungsfaktoren oder die Wahl des falschen Registers zu keiner oder einer unbeabsichtigten Reaktion beim Adressaten führt. Gleichzeitig impliziert diese Erkenntnis, daß sich eine Sprechintention mit den unterschiedlichsten – wenn auch ausgewählten – linguistischen Mitteln realisieren läßt. Dabei zeigt sich, daß Mimik, Gestik, Sprachpausen, die Intonation als extraverbale Informationsträger genauso gelten wie das Wort selbst – jedenfalls wenn sich die Partner sehen und hören können.

Beispiel: Um jemanden zu veranlassen, mir etwas zu holen, stehen mir verschiedene Muster zur Verfügung:
1. ,,Holen Sie das!''
2. ,,Holen Sie mir das bitte!''
3. ,,Könnten Sie mir das holen?''
4. ,,Würden Sie mir das bitte holen?''
5. ,,Holen Sie mir das?''
6. ,,Ich brauche das da.''
7. ,,Jemand könnte das doch mal holen.''

Auch die letzten beiden Äußerungen sind übrigens Aufforderungen an jemanden – und nicht einfach Feststellungen. Ebenso sind die mit Fragezeichen versehenen Äußerungen keine Fragen, sondern Aufforderungen. Welche der 6 möglichen Äußerungen – gewiß gibt es noch mehr, z. B. einfaches Zeigen – benutzt wird, hängt wieder ganz und gar von den im Verfahrensraster beschriebenen Bedingungen des kommunikativen Umfeldes ab.

Ein Sprachunterricht, der sich darauf beschränkt, den Erwerb formalen Sprachwissens wie Präsens und Perfekt oder Relativ- und Konditionalsatz zu vermitteln, greift zu kurz. Erst wenn für die Unterrichtsplanung die Bestimmung von Absichten, Rollen, Adressaten, Ort und Zeit erfolgt ist, d. h. wenn der Rahmen für die sprachlichen Tätigkeiten, für das, was der Sprachlerner mit der Sprache anfangen soll, festgelegt ist, kann über die Zuordnung von Sprachmitteln entschieden werden. Das bedeutet gleichzeitig, daß Übungsformen und Übungsabläufe von Fremdsprachenunterricht in dieses Koordinatensystem eingefügt werden müssen. Übungsformen sollten dementsprechend idealerweise sozialen Interaktionsformen entsprechen. So könnten Übungsanweisungen dann nicht heißen: ,,Machen Sie aus zwei Sätzen einen Hauptsatz mit einem Nebensatz mit ,wie' ", sondern eher ,,Formulieren Sie folgende Fragen höflicher" oder ,,Lehnen Sie eine Einladung höflich ab."

Bei der Planung von kommunikativ-funktionalem Fremdsprachenunterricht – seien es einzelne Sequenzen, Stunden oder ganze Lehrgänge – sind in bezug auf Übungsformen und Übungsabläufe zwei Kernfragen zu stellen:
– Welche Art von Übungsabläufen ermöglicht ein Höchstmaß an Interaktion?
– In welcher Sozialform können Übungen und sprachliche Tätigkeiten im Unterricht sinnvoll und funktional ablaufen?

Diese Fragen bewahren Lehrer und Lehrwerkautoren davor, unreflektiert immer ein und dieselbe Sozialform beizubehalten, wie dies bei dem frontalen Unterrichtsstil noch häufig der Fall ist.

2. Sozial- und Kommunikationsformen

Bei den verschiedenen Kommunikationsformen, die im Unterricht möglich sind, spricht man global einmal von Einwegkommunikation und zum anderen von Mehrwegkommunikation. Einwegkommunikation ist z. B. kennzeichnend für frontale Sozialformen, wie der Ablauftypus ,,Lehrer fragt – Schüler antwortet" oder die Stimulus-Response-Abläufe im traditionellen Sprachlabordrill. Mehrwegkommunikation ist kennzeichnend für z. B. gruppenunterrichtliche Verfahren. Gruppen- und partnerbezogene Übungsformen sind für den Sprachunterricht, der den Schüler zu einer selbständigen und qualifizierten Teilnahme an Kommunikationsvorgängen befähigen will, geeigneter als Frontalsituationen.

Die Leistungen von Gruppenunterricht mit Mehrwegkommunikation liegen in folgenden Bereichen:

Bereich der Arbeitsmotivation
Gemeinsames Üben wirkt anregend und erleichtert die Beurteilung der eigenen Fähigkeiten. Problemlösungen werden nicht vorgegeben, sondern selbst erarbeitet.

Außerdem fallen die im Frontalunterricht bestehenden Sprechhemmungen fort, und die Arbeitsatmosphäre wird entsprechend entspannter.
– „Der Schüler wird aus der festgelegten Rolle des Antwortgebenden befreit.
– Dem Schüler wird die Möglichkeit gegeben, auch von seinen Mitschülern zu lernen und dadurch affektive Bestätigung zu erhalten."[3]

Annäherung an eine soziale Verwendungssituation
Lernen in der Gruppe schafft Bedingungen für echte Kommunikation zwischen den am Unterricht Beteiligten. Sie können in einer konkreten Situation miteinander über etwas sprechen. Sie können z. B. jemanden auffordern zu helfen, eine Bitte abschlagen, sich etwas ausleihen, sich behaupten usw.
– „Der Schüler wird durch den Einsatz unterschiedlicher Sozialformen auf Qualifikationen vorbereitet, die er in der Zukunft braucht: Kooperationsfähigkeit, Interaktionsvermögen, Durchsetzungskraft.
– Auf diese Weise werden Persönlichkeitsmerkmale für den Unterrichtserfolg bedeutsam – entfaltet, entdeckt, gefördert –, die in der Situation des Frontalunterrichts untergehen: z. B. Organisationstalent, Entscheidungsfreudigkeit.
– Adäquates sprachliches Handeln ist nicht „nur" eine Reflexion sozialer Ereignisse, sondern auch eine Funktion individueller Kreativität und Wahrnehmungsbereitschaft in Hinblick auf das, was der Kommunikationspartner mit Sprache bewirken will/kann."[4]

In gruppen- und partnerbezogenen Übungsabläufen ist die aktive Teilnahme aller Gruppenmitglieder zur Lösung einer gemeinsamen Aufgabe notwendig. Je komplexer eine Aufgabe wird, die gemeinsam zu lösen ist, um so zwingender wird der Einsatz von anderen Sozialformen als der Frontalform. Die gewählte Sozialform hat Auswirkungen auch auf den Lernerfolg, da desto besser und stabiler gelernt und auch behalten wird, je näher der Lernvorgang den konkreten Verwendungsbedürfnissen des Sprachlerners kommt.

Verschiedene mögliche *Sozialformen* seien hier noch einmal kurz zusammengefaßt[5]:
– *Einzelarbeit*
Einzelarbeit ist nötig z. B. beim Einarbeiten in ein Problem, bei der Lernkontrolle, im Sprachlabor.

– *Partnerarbeit*
Partnerarbeit kann z. B. beim Erarbeiten von Dialogen (Beispiel: Telefongespräch) eingesetzt werden.

– *Kleingruppenarbeit*
Gruppen sollten erfahrungsgemäß nicht mehr als 7 Mitglieder haben. Innerhalb der Kleingruppe kann wieder je nach Aufgabe eine Arbeitsteilung erfolgen. Die Arbeitsweisen der Gruppen kann arbeitsgleich (z. B. bei der Analyse eines Textes) oder arbeitsteilig (Erarbeiten von Teilaspekten) erfolgen.

– *Arbeit in der Großgruppe*
Arbeit in der Gesamtgruppe (Plenum) ist sinnvoll beim Austausch von Gruppenergebnissen oder bei der Informationseingabe vor der Gruppenarbeit, beim Hören einer Nachrichtensendung, bei Diskussionen usw.

Die Zuordnung von Sozial- und Übungsformen zueinander ist hauptsächlich vom Lernziel abhängig. Darüber hinaus kommt noch eine Reihe anderer Faktoren hinzu:
– Die Ökonomie der verwendeten Formen: Die Vorbereitung von arbeitsteiliger Gruppenarbeit ist z. B. aufwendiger als die Vorbereitung von arbeitsgleicher Gruppenarbeit.
– Die Motivationskraft der einzelnen Sozialformen, die im Lernprozeß zur Verfügung stehen.
– Die Organisationsmobilität beim Wechsel von einer zur anderen Sozial- und Übungsform: Eine Rolle spielen die Größe der Gesamtgruppe, der Wechsel von Kleingruppenarbeit in das Plenum oder umgekehrt, auch feste Bestuhlung.
– Optimierung der Sprechtätigkeit: Gebrauch der Muttersprache oder der Fremdsprache in der Kleingruppe? Funktion des classroom discourse, d. h. die das Unterrichtsgeschehen selbst steuernde (oder auch störende) Interaktion (,,Was heißt das auf . . . '', ,,Das habe ich nicht verstanden'', ,,Was hat er/sie gesagt?'', ,,Wann klingelt es denn?'').
– Notwendigkeit zusätzlicher Informationseingabe: Landeskundliche Information, technisches Fachvokabular, Fremdwörter.

3. Kritik systemlinguistisch orientierter Lehrgänge

In vielen Lehrgängen und Lehrwerken steht das Erlernen formalsprachlicher Erscheinungen im Vordergrund. Diese haben sehr oft mit den realen Verständigungsinteressen von Sprachlernern wenig zu tun. Die Übungsabläufe sehen entsprechend keine inhaltlich orientierten Sprachtätigkeiten wie ,,Treffen einer Verabredung für das Wochenende mit . . .'' oder ,,Schreiben eines Beschwerdebriefes an . . .'' vor, sondern erschöpfen sich häufig im Auswendiglernen von Lehrwerkdialogen, im Beantworten von Fragen des Lehrers, im Diktatschreiben, im Nacherzählen, im Lernen von Grammatikregeln und Vokabeln usw. Diesen Verfahren und seinen formalen Zielen ordnet man Inhalte zu, die zwar auf die Erlebniswelt der Sprachlerner bezogen sein sollen, meist aber an ihren tatsächlichen Erfahrungen und Interessen vorbeigehen. Der typische Lehrbuchtext ist kein authentischer, sondern einer, der konstruiert worden ist, um möglichst geschickt Grammatik verpacken zu können. Auf den ersten Blick scheinen gängige Lehrwerke dem Ziel ,,Entwicklung von Verständigungsfähigkeit in Alltagssituationen'' durchaus zu entsprechen. So finden sich in ihnen zahlreiche Themen und Situationen aus dem Alltagsleben, z. B. ,,Telefongespräch'', ,,Ein Besuch in München'', ,,Inge gibt eine Party''. Es werden auch Orte und Schauplätze angegeben, an denen Kommunikation stattfindet, z. B. ,,Im Kaufhaus'', ,,Im Restaurant'', ,,Auf dem Postamt'', ,,An der Tankstelle'' usw. Es fehlen jeweils jedoch genauere Angaben darüber, auf welche sprachlichen Handlungen an diesen Orten und in diesen Verständigungsanlässen die Schüler vorbereitet werden sollen.

Greift man einmal den Verständigungsanlaß ,,Jemand hat Geburtstag'' und den ebenso häufig vorkommenden Schauplatz ,,Auf dem Postamt'' heraus und versucht, diejenigen Verständigungsleistungen zu bestimmen, die ein Sprachlerner erbringen müßte, um sich innerhalb dieser Verständigungsbereiche sprachlich angemessen bewegen zu können, so erhält man etwas ganz anderes, als in der Regel vom Lehrwerk angeboten wird.

Sprachliche Handlungen auf dem Schauplatz „Postamt" wären etwa:
– Die Aufschriften über den Schaltern verstehen
– Briefmarken kaufen
– Fragen, was ein Brief/Päckchen/Telegramm kostet
– Die entsprechenden Auskünfte verstehen
– Sich für eine Auskunft bedanken
– Einen Münzfernsprecher benutzen können usw.

Sprachliche Tätigkeiten, die dem Verständigungsanlaß „Geburtstag" zugeordnet sind, wären etwa:
– Jemanden fragen, wann er/sie Geburtstag hat, und die Antwort verstehen
– Sagen, wann man Geburtstag hat
– Jemanden fragen, was er/sie sich zum Geburtstag wünscht
– Besprechen, was man jemandem schenken könnte
– Eine Glückwunschkarte schreiben
– Jemandem gratulieren (mündlich)
– Auf eine Gratulation reagieren
– Ein Geschenk übergeben
– Sich für ein Geschenk bedanken / Freude ausdrücken

Statt solcher Angaben und entsprechender Textangebote werden den Sprachlernern Sprachmuster vorgeführt, die im Grunde nur dazu dienen, ihr eigentliches Ziel zu verstecken. Dazu sei hier ein Beispiel zitiert, das vorgibt, sprachliches Verhalten im Verständigungsanlaß „Geburtstag" zu zeigen:

19. Neunzehnte Stunde

Peter: O weh, heute ist ja der 10. Juli! Vati hat Geburtstag, und ich muß versuchen, ein schönes Geburtstagsgeschenk für ihn zu kaufen.

Lore: Tut mir furchtbar leid, lieber Bruder, aber heute ist Sonntag, und, wie du weißt, sind die Geschäfte sonntags geschlossen. Du kannst also höchstens eine Zeitung kaufen.

Peter: Was? Wie? Heute ist Sonntag?! So ein Pech! — Weißt du was? Ich habe neulich eine silberne Puderdose gekauft, denn . . .

Lore: Ha, ha, ha, das ist zum Lachen! Eine Puderdose aus Silber für Vati! Na, da wird er sich aber freuen!

Peter: Du hast gut lachen, aber was soll ich denn jetzt machen? Ich habe Vatis und Muttis Geburtstage verwechselt. Sie hat ja am 20. Juni Geburtstag.

Lore: Du, ich habe eine Idee. Du gibst Vati die Puderdose zum Geburtstag, und nächstes Jahr kaufst du für Mutti eine schöne Zigarrenkiste.

Peter: Danke schön. Deine Ideen sind wie immer ganz prima.

Lore: Na, Spaß beiseite! Wenn ich ehrlich sein soll, habe ich für dich eine Überraschung. Ich habe nämlich für Vati einen elektrischen Wecker gekauft, als Geschenk von uns beiden, weil er 62,50 DM kostet. Er braucht wirklich eine zuverlässige Uhr, denn es kommt ja manchmal vor, daß er verschläft.

Peter: Vielen Dank, Lore! Du denkst auch an alles. Guck mal, da kommt das Geburtstagskind gelaufen. Er hat es auch heute eilig.

Peter u.
Lore: Hoch soll er leben, hoch soll er leben, dreimal hoch! Hoch!
Hoch! Hoch!

Ich muß ein Geburtstagsgeschenk für ihn kaufen.

Ich muß versuchen, ein Geburtstagsgeschenk für ihn zu kaufen.

Die Geschäfte sind sonntags geschlossen, aber werktags kann man
immer Einkäufe machen.

Eine silberne Puderdose ist aus Silber gemacht.

Das **kommt** immer wieder **vor.**

Ich weiß, daß so etwas immer wieder **vorkommt.**

Ich schl**a**fe (Er schl**ä**ft) immer fest. Ich schl**ie**f immer fest. Ich habe
heute nacht fest geschl**a**fen.

B. Ekholm-Erb, B. Engk, J. Scheele: *Mein deutsches ABC,* Lehrbuch B, Zutphen/Holland
[1969], S. 38 f. – Zur Bearbeitung des Verständigungsanlasses ,,Geburtstag'' vgl. den Beitrag
,,Lehrwerkbearbeitung'', S. 142 f.

Zwischen dem vorgetäuschten Anspruch des Lehrwerktextes und seinen tatsächlichen Zielen wird eine Spannung geschaffen, die der zwischen unreflektiertem Unterricht und der außerunterrichtlichen Realität entspricht.

Die Inhaltsverzeichnisse von Lehrwerken zeigen das Bauprinzip vieler gegenwärtig verwendeter Fremdsprachenlehrwerke deutlich: Ihr Gerüst besteht aus einer Abfolge von Satzbaumustern, Strukturwörtern und grammatischen Zeitformen – also aus einer grammatischen Progression. Die Formen werden in ,,Situationen'' dargeboten. Diese aber wird weniger als Verständigungsanlaß, deren sprachliche Bewältigung erlernt werden soll, sondern als Aufhänger für eine bestimmte grammatische Erscheinung eingesetzt. Aus diesem Grunde enthalten Inhaltsverzeichnisse dieser Lehrwerke keine Angaben über zu erwerbende Verständigungsqualifikationen, und aus dem gleichen Grund sind Lehrwerkstexte keineswegs typische Abbildungen real vorkommender Textsorten. So stellt ein Lehrwerksdialog keineswegs einen typischen Gesprächsverlauf dar. Bei seiner Konstruktion werden Gesichtspunkte außer acht gelassen, die für den Ablauf von Gesprächen und deren sprachliche Form von entscheidender Bedeutung sind. Dementsprechend müssen sich Sprachlerner in zahlreichen Lehrwerkstexten in eine Reihe ihnen fremder Umstände hineinversetzen. Die Äußerungen der Lehrbuchcharaktere sind von Bedingungen bestimmt, die für die Sprachlerner nicht gelten.

Die Analyse von Texten aus herkömmlichen Lehrwerken zeigt einmal deutlich die Nachteile von so entstandenen, nichtauthentischen Texten. Andererseits können durch die Analyse bereits Kriterien für die Planung von kommunikativem Fremdsprachenunterricht gewonnen werden. Zwei Beispiele aus gängigen Fremdsprachenlehrwerken für Deutsch als Fremdsprache mögen dieses belegen.

Spielt!

,,Guten Tag.''
,,Guten Tag. Was möchten Sie, bitte?''

„Ich möchte einen Urlaubsplatz buchen."
„Wohin möchten Sie fahren?"
„Ich möchte ans Meer, aber ich soll ins Gebirge.
Ich möchte faulenzen, aber ich soll wandern."
„Warum nicht beides? Ich schlage vor: 14 Tage am Mittelmeer und 14 Tage in den Alpen."
„Wieviel kostet das?"
„Alles zusammen, Hinreise mit dem Flugzeug, Rückreise mit dem Zug, kostet 2000 Mark."
„Ja, ich nehme die Reise."
„Wann möchten Sie fahren?"

E. Johannes, K. Karlsson, B. Larsson, *Komm her,* Texte 2 Mavo. Für Mavo bearbeitet von J. Scheele, Zutphen o. J. [1975?], S. 51.

Dieser Text findet sich am Ende einer Unterrichtseinheit. Den Verständigungsanlaß bildet der Wunsch einer Kundin, in einem Reisebüro eine Reise zu buchen. Insofern könnte die Situation durchaus authentisch sein. Verlängert man aber jede der angebotenen Äußerungen und die Abfolge der Äußerungen in die Realität außerhalb des Lehrbuchs, wird sehr schnell klar, daß es sich hier keineswegs um einen authentischen Dialog handelt.

Die Kundin grüßt mit einem „Guten Tag" und wird mit einem – wahrscheinlich barsch intonierten – „Was möchten Sie, bitte?" in die Schranken gewiesen. Die Kundin läßt sich nicht verunsichern und äußert trotzdem ihren Wunsch. Die Angestellte des Reisebüros möchte nun gerne wissen, wohin die Kundin denn eigentlich fahren wolle. Daraufhin erhält sie eine sehr merkwürdige Auskunft in gebundener Sprache: „Ich möchte ans Meer, aber ich soll ins Gebirge. Ich möchte faulenzen, aber ich soll wandern." Diese Äußerung wirkt befremdlich. Der Leser/Sprachlerner fragt sich, ob die Kundin zur Wiederherstellung ihrer Gesundheit nicht mehr braucht als nur eine Wandertour im Gebirge. Die Angestellte jedoch reagiert äußerst flexibel und schlägt vor, daß die Kundin 14 Tage am Mittelmeer und 14 Tage in den Alpen verbringt. Tatsächlich scheint sie den richtigen Ton getroffen zu haben, denn die Kundin – von der wir wissen, daß sie als Röntgenassistentin arbeitet – rechnet weder ihre Urlaubstage zusammen noch fragt sie nach Orten, Unterkunft, Reisemöglichkeiten, Wetter oder ähnlichem, sondern reagiert mit einem kurzentschlossenen „Wieviel kostet das?". Die Vertreterin des Reisebüros hat die Antwort für diese Art von Kundinnen bereits im Kopf und äußert: „Alles zusammen, Hinreise mit dem Flugzeug, Rückreise mit dem Zug, kostet 2000,– DM." Obwohl nun die Kundin überhaupt nicht weiß, ob sie mit dem Flugzeug zuerst ans Mittelmeer und dann in die Alpen oder umgekehrt fliegt und auch nicht, wie sie sich zwischen Mittelmeer und Alpen bewegen soll, stimmt sie nun begeistert zu und sagt „Ja, ich nehme die Reise". Hier nun scheint das absurde Theaterstück gut zu beenden zu sein, aber die Angestellte des Reisebüros verliert nun die Nerven und stellt – wenn auch viel zu spät – eine realistische Frage: „Wann möchten Sie fahren?"

Die über diesem absurden Text befindliche Anweisung „Spielt!" veranlaßt den Sprachlerner dann auch noch, diese inkohärenten Äußerungen als Muster für eigenes sprachliches Handeln einzuüben. Selbstverständlich wird hier nicht eigentlich gespielt oder nachgespielt, sondern nur auf Anweisung reproduziert. Es wäre durchaus sinnvoller, wenn der Sprachlerner zunächst üben würde, Verständigungsabläufe nachzuvollziehen, bei denen die Äußerungen logisch stringent aufeinander bezogen sind und nicht durch außersprachliche Umstände verfremdet werden.

Im nächsten Analysebeispiel mit der Überschrift „Im Kaufhaus" ist der Text relativ kohärent und einem realen Verwendungszusammenhang angenähert.

14   Im Kaufhaus

Verkäuferin:	Was darf es sein?
Fräulein Klein:	Ich möchte gern ein Kleid oder Rock und Bluse.
Verkäuferin:	Haben Sie einen bestimmten Wunsch?
Fräulein Klein:	Noch nicht. Ich suche etwas Modernes.
Verkäuferin:	Ich zeige Ihnen unsere neuen Röcke; wir haben sie erst in den letzten Tagen bekommen. – Wie gefällt Ihnen der graue Rock?
Fräulein Klein:	Ich finde ihn sehr schön, aber er ist mir zu teuer.
Verkäuferin:	Oder der weiße hier? Sie können ihn gut zu einer dunklen Bluse tragen, das ist sehr schick.
Fräulein Klein:	Können Sie mir ein paar Blusen zeigen?
Verkäuferin:	Gern! – Hier ist eine blaue und eine gestreifte Bluse – die blaue ist besonders hübsch und sehr preiswert.
Fräulein Klein:	Kann ich die mal anziehen, mit dem weißen Rock?
Verkäuferin:	Natürlich! – Das steht Ihnen sehr gut und paßt genau.
Fräulein Klein:	Gut, ich nehme den Rock und die Bluse.

K. Braun, L. Nieder, F. Schmöe (Hg.), *Deutsch als Fremdsprache*. Ein Unterrichtswerk für Ausländer. Stuttgart 1970, S. 78.

Wenn man den angebotenen Text als solchen und als eventuelles Vorbild für eigenes sprachliches Handeln einmal akzeptiert, ist zu fragen, mit welchen Hilfen der Sprachlerner schließlich dazu in die Lage versetzt wird, sich in einer ähnlichen Einkaufssituation sprachlich angemessen zu verhalten. Dazu werden ihm im Lehrbuch auf den folgenden Seiten Übungen angeboten, die ihm vor allem den korrekten Gebrauch des pränominalen Adjektivs beibringen sollen. Die Übungsanweisungen dazu lauten: „Bitte ergänzen Sie", „Wiederholen Sie die Übung", „Bitte antworten Sie kurz", „Bitte ergänzen Sie", „Bitte antworten Sie mit ‚ja‘" und schließlich „Bitte ergänzen Sie".

Es handelt sich ausschließlich um Einsetzübungen nach dem Muster des folgenden Beispiels (a. a. O., S 80):

1   Bitte ergänzen Sie:

Das ist der graue Rock.	Das ist das neue Kleid.	Das ist die blaue Bluse.
.... neu-	.... rot-	.... hübsch- ......
.... weiß-	.... lang-	.... billig- ....
.... modern-	.... schön-	.... rot- ....
.... alt-	.... blau-	.... gestreift- .....

Ich möchte eine neue Bluse.	Ich möchte einen weißen Rock.
.... rot-	.... schön- ....
.... hübsch-	.... kurz- ....
.... modern-	.... neu- ....
.... schick-	.... preiswert- ....

Mit dem letzten „Bitte ergänzen Sie" in der Abfolge der Übungen – wobei es sich ausnahmslos um Übungen vom Typ B in der Terminologie dieser Übungstypologie handelt – ist die Unterrichtseinheit beendet. Danach wird erwartet, daß der Sprachlerner einmal die verschiedenen Endungen der Adjektive je nach grammatischem Geschlecht des Hauptwortes beherrscht und andererseits aber auch in der Lage ist, den Verständigungsanlaß „Einkauf von Kleidungsstücken" zu bewältigen.

Die einfache Logik der Übungsanweisungen bewirkt, daß Sprache im Unterricht so verwendet werden kann, wie sie außerhalb tatsächlich nie verwendet wird. Sie ist hier in Bruchstücke zerlegt, die allenfalls in isolierten, kontextlosen Sätzen wieder zusammengefügt werden. Dieses Zusammenfügen („Bitte ergänzen Sie") kann nur in Einzelarbeit geschehen – unter Kontrolle des Lehrers, nicht aber in Interaktion der Sprachlerner/Sprachbenutzer. So ist es von vornherein nicht möglich, Fremdsprache in einer Weise zu üben und zu lernen, wie sie in der Realität als soziales Medium den Umgang von Menschen miteinander ermöglicht und ihn regeln hilft.

Es ist jetzt wahrscheinlich klar, daß die Präsentation von „Untexten" wie in den analysierten Beispielen, die durchaus übertragbar sind, und auch von Übungsanweisungen, die sich darauf beschränken, dem Sprachlerner nichts weiter als formale Kenntnisse zu vermitteln, ihn in der Sprachrealität außerhalb des Lehrwerks hilflos lassen. Herkömmliche Lehrwerke dieser Art haben zwar einen Zweckbezug – nämlich den, Grammatik und Wortschatz zu vermitteln –, nur nützt diese Art von Wissen über das System der Zielsprache niemandem, da es weder zur Kommunikation bereit macht noch Interesse für das fremde Land weckt. Es wäre also andererseits notwendig, in einem realitätsbezogenen Fremdsprachenunterricht den Adressaten-, Rollen- und vor allem Situationsbezug mit anzubieten.

4. Planung von kommunikativ-funktionalem Fremdsprachenunterricht

Aus dem bisher Vorgefundenen lassen sich auf der einen Seite Kriterien für die Beurteilung von Lehrwerktexten und andererseits Kriterien für die Planung von kommunikativem Fremdsprachenunterricht zusammenfassend benennen. Diese sind:
– Ausgehen von Verständigungsbereichen/Verständigungsanlässen
– Berücksichtigung übertragbarer sozialer Rollen
– Offenlegung der Absichten von Sprecher/Schreiber
– Verwendung authentischer Texte/Medien
– Beschreibung kommunikativer Tätigkeiten als Lernziele von Fremdsprachenunterricht
– Festlegung der äußeren Bedingungen von Kommunikationssituationen (Raum/Zeit)
– im Falle von didaktisierten authentischen Texten: Beibehaltung des logischen Zusammenhangs von Äußerungen und Textkohärenz.

Ein Beispiel dafür, wie kommunikativer und funktionaler Fremdsprachenunterricht unter Berücksichtigung der genannten Kategorien und Kriterien geplant werden kann, ist im folgenden (S. 40) beschrieben.

Die Reihenfolge der Spalten der Übersicht stellt die tatsächliche Rangfolge einer Planungshierarchie dar. Auszugehen ist immer zunächst von einem Verständigungsanlaß, der normalerweise einem Themenbereich (hier z. B.: Freizeitunternehmungen

Verständigungs-anlaß	Textsorte/Medium	Kommunikative Tätigkeit	Sozialform	Sprachfunktion	Redemittel
Verabredung zum Schwimmen in einem öffentlichen Hallenbad	Tabelle von Öffnungszeiten eines Hallen-bades mit Eintrittspreisen	– Textverstehen – Gespräch über Art der Öffnungs-zeiten und die Preise im Vergleich mit anderen Bädern – Da im Moment der eine Partner nicht kann, wird eine Verabredung zu einem anderen Termin (Tag/Uhrzeit) getroffen.	Partnerarbeit oder Klein-gruppenarbeit: vorteilhafter, da mehrere Partner mit unterschied-lichen Meinungen	– sich über Zeiten und Preise informieren – Fragen/Antworten dazu – nachfragen – Vergleiche anstellen – Bedingungen angeben – Alternativvor-schlag machen – mit Begründung ablehnen – Kompromiß-vorschlag machen – zustimmen – sich verab-schieden	wann? an welchen Tagen? Was kostet …? von … bis … Kannst du am/um …? Könnt ihr am/um …? Das ist billiger/teurer als … Wenn …, dann … Warum nicht am …? Kannst du am …? Da kann ich nicht, weil … Wie wär's mit dem …? Du kannst doch bestimmt am … Gut, einverstanden. Prima, das paßt. Tschüs! Macht's gut! Wiedersehen!

Öffnungszeiten im Hallenbad:

Montag	8.00–10.00 Uhr und 14.00–21.00 Uhr
Dienstag	8.00–10.00 Uhr und 14.00–21.00 Uhr
Mittwoch	8.00–10.00 Uhr und 14.00–17.00 Uhr
Donnerstag	14.00–21.00 Uhr
Freitag	8.00–10.00 Uhr und 14.00–21.00 Uhr
Samstag	7.30–18.00 Uhr durchgehend
Sonntag	7.30–12.00 Uhr

Eintrittspreise für das Hallenbad:

Erwachsene	1,80 DM (90 Minuten)
Kinder	–,90 DM (90 Minuten)

am Wochenende) zugeordnet ist. Mit der Festlegung des Verständigungsbereiches sind die Unterrichtsziele noch nicht mit festgelegt, da sie von den weiteren Faktoren der Verständigungssituation abhängen.

Dem Verständigungsanlaß werden Textsorten und Medien als Träger der inhaltlichen Information und der sprachlichen Mittel zugeordnet. Die Texte (Hör-, Seh- und Hör-/ Seh-Texte) müssen authentisch sein oder in Form und Inhalt die Merkmale authentischer Texte aufweisen.

Im Beispiel handelt es sich um einen tabellarischen Text, dessen Inhalt leicht zu verstehen ist, da er nur die Kenntnisse der Namen der Wochentage, die Begriffe „Hallenbad", „Öffnungszeiten", „Eintrittspreise", „Erwachsene" und „Kinder" voraussetzt.

Innerhalb des angegebenen Verständigungsanlasses und ausgehend von der Textsorte als Auslöser von Äußerungen können im nächsten Planungsschritt sprachliche Tätigkeiten festgelegt werden. Diese Äußerungen sind je nach Anlaß – und auch je nach Stand der Lerngruppe – komplexer oder weniger komplex. Die Tätigkeiten lassen sich z. B. durch die Annahme mehrerer Hinderungsgründe mehrerer Beteiligter, die Verabredung zustande zu bringen, schwieriger gestalten – so wie sie in der Realität dadurch auch komplexer werden würden.

Die Bestimmung der Sozialform geschieht logischerweise von den sprachlichen Tätigkeiten her. Die Bewältigung des Verständigungsanlasses „Sich verabreden" ist in Einzelarbeit realiter nicht vorstellbar. Dementsprechend ist hier Partner- oder Gruppenarbeit der Vorrang einzuräumen.

Die nächste Kategorie – nämlich „Übungsformen" – ist im Planungsbeispiel mit Absicht weggelassen worden. Der Grund dafür ist der, daß sie im Grunde nur unter genauer Kenntnis von Zielen, Stand der Lerngruppe und Unterrichtszusammenhang beschrieben werden könnte. Diese Lücke ist dann allerdings mit Hilfe der Übungstypologie auszufüllen – unter Berücksichtigung aller beschriebenen Kriterien.

Die Zuordnung von Sprachfunktionen geschieht unter Rückbezug auf die vorhergehenden Planungskategorien. Sie richtet sich gleichfalls nach der Art der sprachlichen Handlungen.

Erst am Schluß der Gesamtplanung werden die Redemittel bestimmt, die die Realisierung der Sprachfunktionen sichern sollen. Es ist wichtig zu sehen, daß sie tatsächlich erst hier stehen können, weil sie
– keine Lernziele per se sind, sondern in absoluter Abhängigkeit von den anderen Kategorien stehen;
– erst an dieser Stelle exakt benannt und funktional (nicht formal) eingeordnet werden können.

Dieses Planungsmodell ist nach allen Seiten offen und veränderbar – besonders auch im Hinblick auf Differenzierungsmöglichkeiten, die in ihm sowohl horizontal wie vertikal angelegt sind. Das Modell stellt insofern keinerlei Art von Unterrichtsrezept dar: Fremdsprachenunterricht, der zum adressatenbezogenen, rollengerechten, kommunikativ handelnden Umgang mit Fremdsprache anleiten will, darf sich nicht Rezepten oder engen Schemata ausliefern.

Amerkungen

[1] K.-H. Osterloh: ,,Eigene Erfahrung – fremde Erfahrung. Für einen umweltorientierten Fremdsprachenunterricht in der Dritten Welt", *Unterrichtswissenschaft 3,* 1978, S. 189–199.

[2] Vgl. dazu H.-E. Piepho: ,,Verfahren zur Beschreibung eines ,speech event' (Sprachereignis) als Voraussetzung einer kommunikativen Lernzielbestimmung (Raster)", in: *Analyse und Aufbereitung von Lehrwerktexten für kommunikativen Englischunterricht,* (Hessisches Institut für Lehrerfortbildung) Fuldatal 1974, S. 21 f.

[3] Inge C. Schwerdtfeger: ,,Sozialformen im kommunikativen Fremdsprachenunterricht", *Der fremdsprachliche Unterricht* 53/1980, S. 10.

[4] ebda., S. 10 und 12.

[5] *Group Work in Modern Languages,* published by the Materials Development Unit of the Language Teaching Centre, Univ. of York, York 1972. (Exzerpte hieraus sind als Druckschrift 340 beim Hessischen Institut für Lehrerfortbildung, 3501 Fuldatal 1, erschienen.)

Gerhard Neuner, Michael Krüger, Ulrich Grewer

Übungstypologie zum kommunikativen Deutschunterricht

Übersicht

Stufe C

Stufe D

Zu den Quellenangaben:
Deutsch aktiv =,,Deutsch aktiv – Ein Lehrwerk für Erwachsene", Langenscheidt, Berlin und München 1979 ff.
Baukasten ,,Zoo" = Entwurf ,,Baukasten: Wir Kinder vom Bahnhof Zoo", U. Grewer/Mavo-Projekt.

Stufe A

Entwicklung und Überprüfung von Verstehensleistungen

In Lehrwerken, die nach der audiolingualen Methode konzipiert sind, findet man fast keine Übungsformen, die dem Lernenden Hilfen zum Textverständnis bieten. Daß systematische Übungen zum Verstehensbereich weitgehend fehlen, ist erstaunlich. Denn schon eine oberflächliche Analyse der für den Fremdsprachengebrauch relevanten ,,Alltagssituationen" und ,,Rollen" macht deutlich, daß dem (partner- bzw. medienbezogenen) Verstehen im praktischen Gebrauch der Fremdsprache eine außerordentlich große Bedeutung zukommt.

Die Ursachen für die Vernachlässigung des Verstehensbereiches liegen in den methodischen Prinzipien der audiolingualen Methode selbst begründet. Ihre Orientierung am *Primat des Mündlichen* und, vor allem, an der *Grammatikprogression* bei der Erstellung von Lehrmaterialien und der Unterrichtsgestaltung haben dazu geführt, daß Lehrbuchtexte in Dialogform als ,,Transportmittel" des Grammatik- oder Wortschatzpensums, das die Progression für ein bestimmtes Kapitel vorschreibt, dienen müssen.

Eine Methode, die Hör- und Leseverständnis anhand konstruierter, d. h. dem jeweiligen Lernstand angepaßter Dialoge entwickeln will, übersieht den grundlegenden Unterschied zwischen den sprachlichen Tätigkeiten des Verstehens und Sich-Mitteilens. Bei der Mitteilung kann es der Sprechende/Schreibende weitgehend selbst bestimmen, welche sprachlichen Mittel er bei seiner Äußerung verwenden will. Die Entwicklung der Mitteilungsfähigkeit kann deshalb auch in der Weise geplant werden, daß zu elementaren Sprachfunktionen (Mitteilungsabsichten) immer mehr sprachliche Mittel (insbesondere unterschiedliche syntaktische Strukturen) ins Spiel gebracht werden. Die Verstehenssituation ist jedoch – linguistisch gesehen – gerade dadurch gekennzeichnet, daß der Hörende/Lesende mit *redundanter* Sprache konfrontiert wird, die er nicht ,,beherrscht" und mit der er ,,irgendwie" zurechtkommen muß. Im Unterricht müßten also *Verstehensstrategien gegenüber redundanter Sprache* geübt werden.

Wir haben uns daran gewöhnt, den Verstehensvorgang als ,,rezeptiv" und ,,passiv" zu bezeichnen. Lesen/Hören und Verstehen sind jedoch höchst aktive Tätigkeiten des Auswählens, Ordnens und Interpretierens von Information.

Auswählen

In der Muttersprache haben wir unser Auge und unser Ohr darauf trainiert, sich auf *Schlüsselinformationen* im Verstehensprozeß zu konzentrieren. Wir tasten sprachliche Phänomene nach ihrer *Bedeutung* ab und beziehen sie aufeinander. Das bedeutet u. a., daß auch das syntaktische Gefüge eines Textes anhand von *semantischen Signalen* entschlüsselt wird: ,,Wenn" signalisiert ,,Bedingung", die auf eine ,,Konsequenz" (,,dann") schließen läßt. ,,Zuerst" signalisiert eine ,,Reihung" (,,dann; danach; . . . zuletzt"). ,,Wann" aktiviert die Erwartung einer ,,Zeitangabe" (Zeitpunkt). Im Hörtext können Betonung und Intonation ähnliche Funktionen übernehmen, und dann werden in dieses Gefüge die bedeutungstragenden *Inhaltswörter* eingefügt.

Auswählen im Verstehensprozeß bedeutet also, sich auf das konzentrieren, was in dem Verständigungsanlaß wichtig ist, und alles weglassen, was nebensächlich ist. Erster Schritt des Verstehens ist also das *Globalverständnis.*

Einordnen

Es erleichtert den Verstehensprozeß außerordentlich, wenn man den *Kontext* (Verständigungsanlaß, -situation), der zu einem bestimmten Hör-/Lesetext gehört, kennt. Wir wissen aus unserem täglichen Sprachgebrauch, daß die verschiedenen Textsorten in ganz bestimmten Kommunikationssituationen auftreten, in diesen eine ganz bestimmte Funktion haben und eine ganz typische ,,Gestalt" haben, was die Informationsanordnung und die Sprachverwendung angeht.

Beispiel: Der Textsorte ,,Fahrplan" zugeordnet sind etwa die Situationen ,,am Bahnhof, am Flughafen, an der Haltestelle" und die Funktion ,,sich über die Ankunfts-/ Abfahrtszeit eines Verkehrsmittels orientieren".

Dieses *Vorwissen* bewirkt die Aktivierung ganz bestimmter Erfahrungsraster (Situation; Funktion; sprachliche Gestaltung usw.), wenn eine bestimmte Textsorte auftaucht. Für den Verstehensprozeß im Unterricht ist es deshalb eine wichtige Hilfe, wenn der jeweilige Hör-/Lesetext in den authentischen Verständigungsanlaß eingebettet wird, d. h. wenn dem Lernenden vor der Arbeit mit einem Text gesagt wird, welchem Verständigungsanlaß er zuzuordnen ist und wozu er dient.

Beispiel: Kochrezept
Verständigungssituation: in der Küche
Verständigungszweck: Zubereitung von Speisen
Sprachliche Gestaltung
Wortfelder: Eßwaren, Arbeitsgeräte, Mengenangaben, Zeitangaben
Syntax: Signalwörter, die eine zeitliche Abfolge anzeigen (zuerst; dann; danach; gleichzeitig; nach . . . Minuten; zum Schluß)
Infinitivsätze (auf Verpackungen): unpersönlich; oder
Konjunktiv (,,Man nehme . . ."): veraltet; oder
Imperativ (,,Nehmen Sie . . ."): als ,,Rat" in Zeitschriften oder durch den Fernsehkoch;
(,,Nimm . . ."): als ,,Aufforderung", etwa der Mutter an ihre Tochter; oder
Modale Fügungen (,,Zuerst mußt du . . ."): typisch für mündliche ,,Erläuterung" eines Rezepts
Es zeigt sich hier, daß die sprachliche Gestaltung einer Textsorte vom Bezug der Partner in einer Verständigungssituation abhängig ist.

Für den praktischen Sprachgebrauch wichtige Verstehenstextsorten

im Bereich des Lesens:	*im Bereich des Hörens:*
Anweisungen	Anweisungen
Anzeigen	Ansagen
Bedienungsanleitungen	
Bekanntmachungen	
Berichte	Berichte
Bildunterschriften (Sehen/Lesen)	
Briefe	

Comics (Sehen/Lesen)
Erläuterungen zu Graphiken
   und Statistiken (Sehen/Lesen)
Fahrpläne, Formulare, Flugblätter   Features
Guides/Führer   Glossen
Karten (Sehen/Lesen)   Hörspiele
Kommentare
Leserbriefe
Lexika
Literar. Kleinformen wie   Literar. Kleinformen wie
   Reime/Popsong-   Lieder, Chansons u. ä.
   Texte auf Plattenhüllen
   etc.
Nachrichten   Nachrichten (ggf. Sehen/Hören)
Plakate (Sehen/Lesen)
Preislisten
Programme   Programme
Prospekte (Sehen/Lesen)
Rezepte   Reportagen (ggf. Sehen/Hören)
Schilder (Sehen/Lesen)
Schlagzeilen   Small Talk
Speisekarten (Sehen/Lesen)   Statements
Tabellen (Sehen/Lesen)
Telefonbücher   Telefongespräche
Werbung (Sehen/Lesen)   Werbung (ggf. Sehen/Hören)
Wetterbericht (Sehen/Lesen)   Wetterbericht (ggf. Sehen/Hören)

Quelle: Hessisches Institut für Lehrerfortbildung (Hg.), *Protokoll der 9. Tagung Bundesarbeits-gemeinschaft Englisch an Gesamtschulen* 1976.

Interpretieren
Die in der fremden Sprache ermittelten Bedeutungskonzepte werden zu dem Vorwissen, der Erfahrung und der Voreinstellung des Lernenden zu dem Sachverhalt in Beziehung gesetzt. Diese sind über die Muttersprache vermittelt und durch die Elemente, Einheiten und Strukturen der eigenen Kultur geprägt. Erst wenn der Lernende die unterschiedlichen „Tiefenstrukturen" (Konnotationen/Verhaltenskonzepte im Rahmen kulturspezifischer Erfahrungen) der an der Oberfläche gleich aussehenden *cultural patterns* von Ausgangs- und Zielkultur erkennt und in seinen eigenen Bezugsrahmen einordnen kann, bildet sich eine neue – erweiterte – Handlungskompetenz: er hat aus der Beschäftigung mit der fremden Sprache mehr für sich dazugelernt als nur Vokabeln und Grammatik!

Zur systematischen Entwicklung einer Verstehensgrammatik
Bei der näheren Betrachtung der Textsorte „Kochrezept" wurde deutlich, daß a) eine ganz bestimmte Anordnung der Information vorlag (Reihung) und b) eine Bal-

lung ganz bestimmter Grammatikpensen – abhängig von der Konstellation des aktuellen Verständigungsanlasses (Personenbezug, Kanal, Kode, Voreinstellung, usw.) auftrat. Daß die Information als Reihung angeordnet ist, hat „Bedeutung": Sie bildet die Struktur des Handlungsbereichs ab, dem sie zugeordnet ist (Abfolge der Tätigkeiten).

Analysiert man die in der Liste verzeichneten pragmatisch relevanten Textsorten (nichtfiktionale Texte) hinsichtlich ihres syntaktischen Gefüges, dann zeigt sich, daß für den Verstehensbereich insgesamt ein relativ deutlich abgegrenztes Repertoire an Grammatik angegeben werden kann, das sich deutlich von der Mitteilungsgrammatik unterscheidet. Wir bekommen auf diese Weise erste Anhaltspunkte für den Umfang und die Strukturierung einer elementaren Verstehensgrammatik.

Für die Entwicklung von Sprachübungen zu Verstehensleistungen ergibt sich daraus der Hinweis, daß *ganz bestimmte Grammatikstrukturen an ganz bestimmten Textsorten besonders gut geübt werden können.* Es zeigt sich auch, daß bestimmte Grammatikpensen schwerpunktmäßig im Kontext von Verstehensaufgaben geübt werden sollten (z. B. Passiv), andere dagegen im Kontext von Mitteilungsübungen.

Einen Text „vorentlasten" – Verstehenshilfen entwickeln

Die audiolinguale Methode geht bei der Prüfung der Verwendbarkeit eines Textes auf einer bestimmten Lernstufe von der Frage nach dem linguistischen Schwierigkeitsgrad aus (Kriterien: Dichte, Steilheit, usw.). Diesem Verfahren liegt die Vorstellung zugrunde, daß der Lernende jedes Detail eines fremdsprachlichen Textes verstehen sollte. Authentische Texte bleiben deshalb dem Fortgeschrittenenunterricht vorbehalten. Sollen sie zu einem früheren Zeitpunkt eingesetzt werden, werden sie sprachlich „vereinfacht", oder zu dem jeweiligen Thema werden neue, der Grammatikprogression angepaßte Texte verfaßt (synthetische Texte).

Werden authentische Texte verwendet, dann werden sie in der Weise vorbereitet, daß man zunächst alle unbekannten Wörter und Strukturen vorab bespricht, d. h. in einer Art „Vorlaufverfahren" in der Erklärung aller unbekannten sprachlichen Elemente Verstehensschwierigkeiten auszuräumen sucht. Durch dieses Vorgehen wird beim Lernenden der Eindruck erweckt, als sei das, worauf sich die Vorentlastung konzentriert, besonders wichtig. Nicht selten sind es aber gerade für das Verständnis der grundlegenden Aussage eines Textes unwesentliche Details, auf die sich das Augenmerk richtet. Das Verfahren bewirkt, daß der Lernende, wenn er tatsächlich einmal mit einem unbekannten Text konfrontiert wird, über das erstbeste Detail „stolpert", sich an den Details „festbeißt", die Übersicht – und oft auch den Mut – verliert.

Im pragmatischen Umgang mit authentischen Texten geht es nur selten um das Verstehen aller Details (das könnte der Fall sein, wenn man z. B. die Gebrauchsanweisung zu einem technischen Gerät verstehen muß, damit man es richtig bedienen kann), oft aber um die *globale* Sinnerfassung oder um das Erfassen ganz bestimmter Information (*selektives* Verstehen).

Insbesondere auf der Elementarstufe des Fremdsprachenlernens und -gebrauchs stehen globale und selektive Verstehensleistungen im Vordergrund, wenn man mit fremdsprachlichem Material umgeht.

Kein Text ist an sich zu schwierig zur Verwendung im Deutschunterricht! Es kommt entscheidend darauf an, für welchen Zweck er verwendet wird und was der Schüler mit seiner Hilfe lernen soll.

Aus dem Gesagten lassen sich Anhaltspunkte gewinnen, nach welchen Kriterien der Lehrer im Grundkurs Verstehensübungen zu Texten anlegen kann bzw. wie Lernende von der Mittelstufe an mit Texten arbeiten könnten. Sie lauten:
- Vereinfachung
- Verkürzung
- Aufgliederung
- Außersprachliche Verdeutlichung
- Aktivierung des Vorwissens

Im Prinzip geht es dabei um die Entwicklung von ,,Parallelinformation" zu den authentischen Texten nach den oben genannten Kriterien. Der Zugang erfolgt über den vereinfachten, verkürzten, aufgegliederten systematisch vorbereiteten ,,Paralleltext" bzw. die visuelle Verdeutlichung des außersprachlichen Umfeldes. Der Lernende konzentriert sich dabei auf die globale inhaltliche Erfassung der Textaussage. Wenn der Lernende die Sache, um die es geht, im Globalzusammenhang verstanden hat, kann er sich dem authentischen Text zuwenden und die inhaltlichen Details bzw. die sprachliche Gestaltung erschließen.

Textverständnis überprüfen – Aufgaben zur Verstehenskontrolle

Eine Reihe von Übungen eignen sich auch dazu, daß der Lernende bzw. die Gruppe nach der Bearbeitung des Textes *selbst* überprüfen kann, ob er die wesentlichen Aussagen des Textes verstanden hat. Diese Übungen verlangen vom Lernenden kein aktives Sprachverhalten (z. B. Antwort auf Fragen geben), sondern nur mechanisch-reproduktives Reagieren (Ankreuzen, mit einem Pfeil verbinden usw.). Solche Übungen sind:
- Zuordnungsübungen aller Art;
- Richtig-falsch-Aufgaben;
- Multiple-Choice-Aufgaben.

FRANKFURT

Es ist unbestreitbar: Frankfurt ist die **wirtschaftliche Hauptstadt** der Bundesrepublik. Die **Arbeitsplätze** sind hier so **sicher** wie in keiner anderen gleich großen Stadt. Eine gesunde Mischung an krisenfesten Groß- und Mittelbetrieben sorgt dafür, daß Frankfurt mit 3,3 Prozent die **niedrigste Arbeitslosenquote** hat. Aber in Frankfurt gibt es nicht nur sichere Arbeitsplätze. In unserer Stadt wird auch **gut verdient.** Wer hier arbeitet, hat am Monatsersten **viel mehr Lohn und Gehalt** in der Tasche als der Durchschnittsverdiener in der Bundesrepublik.

Frankfurter Stadt Jllus

Presse- und Informationsamt
der Stadt Frankfurt am Main,
Römerberg 32

Das Auffinden der Schlüsselinformationen gehört zu den wichtigsten vorbereitenden Arbeiten am authentischen Text.

Im Zusammenhang mit der Überschrift, die das „Thema" des Textes angibt, liefern sie die wichtigste Information zum Text. Wer die hervorgehobenen Schlüsselstellen verstanden hat, weiß, was im Text steht.

Vorgehen im *Anfangsunterricht:*
a) Unterstreichen bzw. Herausschreiben der Schlüsselwörter am Rand durch den Lehrer (Vorbereitung des Textes für den Unterricht);
b) Erarbeitung der Schlüsselwörter durch die Lernenden (am besten mit dem Lexikon in Gruppenarbeit; Hilfen durch den Lehrer);
c) Arbeit mit dem Text: Gruppenarbeit mit dem Lexikon, Hilfen durch den Lehrer; gemeinsame Diskussion des Inhalts; ggf. zusammenfassende Übersetzung in die Muttersprache bzw. Zusammenfassung auf deutsch.

Quelle: *Deutsch aktiv,* Lehrerhandbuch 1, S. 131 f.

Verfahren im *Unterricht mit Fortgeschrittenen:*
a) Textarbeit in Gruppen: Unterstreichen der Schlüsselwörter;
b) Gemeinsames Gespräch mit der ganzen Klasse über die Ergebnisse der Gruppenarbeit (Was ist auf jeden Fall wichtig? Was kann man auf jeden Fall weglassen?).
Alternative:
a) In Gruppenarbeit alles im Text wegstreichen, was man für unwesentlich hält;
b) Die Ergebnisse der Gruppen mit der ganzen Klasse besprechen; Aushandeln, was wirklich wichtig ist;
c) Gemeinsam eine Zusammenfassung (précis) erstellen.

Gehen Sie bei Rot über die Straße?

Jeder zweite Fußgänger geht auch bei Rot über die Straße.

ALLENSBACH, 16. März (dpa).
Was tun Sie, wenn Sie nachts eine leere Straße überqueren wollen, aber die Ampel zeigt Rot? Das Institut für Demoskopie Allensbach berichtet: 56% der Fußgänger (über 16 Jahre) gehen in einer solchen Situation auch bei Rot über die Straße. 34 Prozent sagen, daß sie auch nachts an einer leeren Straße die rote Ampel beachten und warten. 10 Prozent antworten nicht eindeutig. Frauen beachten eine rote Ampel stärker als Männer. Am wenigsten achten Fußgänger unter 30 Jahren auf das Rotlicht. Drei von vier der befragten jungen Leute sagen, daß sie auch bei Rot über die Straße gehen.

56% gehen ────→
34% warten ────→
10%? ────→
Frauen – Männer ──→
Junge Leute ────→

Quelle: *Deutsch aktiv,* Lehrbuch 1, S. 91.

Die Überschrift enthält in diesem Beispiel das „Thema" der Zeitungsnotiz: die Stichwörter differenzieren das Thema (Verhalten der einzelnen Gruppen).

Eine wesentliche Verstehenshilfe zum Erfassen des Themas bildet die Situationszeichnung.

Vorgehen im *Anfangsunterricht:*
a) Mit der Klasse zunächst die Zeichnung besprechen. Falls keine Zeichnung vorhanden ist, mit der Überschrift beginnen;
b) Arbeit mit den Stichwörtern („So ist es in der Bundesrepublik");
c) Arbeit mit dem Text: Die Aussagen bezüglich des Verhaltens werden präzisiert („über 16 Jahre", „nachts"; Verhalten von Frauen, Männern und Jugendlichen).

Vorgehen im *Unterricht mit Fortgeschrittenen:*
a) In Gruppenarbeit die Stichwörter herausschreiben; anschließend mit der ganzen Klasse das Ergebnis der Gruppenarbeit besprechen;
b) An diesem Text wird das Klischee vom „gehorsamen" Deutschen differenziert. Man könnte an dieser Stelle die Frage diskutieren, wie nationale Stereotype entstehen. Die Besprechung der Frage: „Wie würden sich die eigenen Landsleute in der gleichen Situation verhalten?" macht deutlich, daß auch bezüglich des eigenen Landes Klischeevorstellungen bestehen. Bereiten Sie solche Diskussionen in Gruppenarbeit vor. Da die Meinungen und Vermutungen nie identisch sind, gibt das Anlaß zur „Auseinandersetzung" im gemeinsamen Gespräch in der Klasse.

Es ist wichtig, daß man lernt, den inneren Zusammenhang der Aussagen in einem Text zu erfassen (Diskursstruktur). Die Information in einem Text ist nie willkürlich aneinandergereiht.

Im folgenden Beispiel sind deshalb die Schlüsselwörter nach Sinneinheiten (Absätzen) zusammengefaßt. Die Pfeile deuten das innere Gefüge der Sinnabschnitte an.

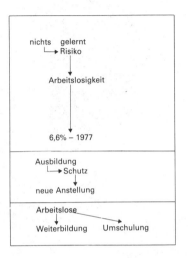

Ausbildung zahlt sich aus

Wer nichts gelernt hat, der trägt ein wesentlich größeres Arbeitsplatzrisiko als seine qualifizierten Kollegen. Gerade Arbeitnehmer ohne ausreichende Berufsausbildung sind nämlich derzeit besonders stark von Arbeitslosigkeit betroffen. So geht es aus einer Aufstellung des Instituts für Arbeitsmarkt- und Berufsforschung bei der Bundesanstalt für Arbeit hervor. Danach war bei ungelernten bzw. angelernten Arbeitnehmern die Arbeitslosenquote mit 6,6 Prozent im Herbst 1977 mit Abstand am höchsten.

Eine fundierte Ausbildung dagegen bietet nicht nur besseren Schutz vor dem Verlust des Arbeitsplatzes; sie verhilft im Falle der Arbeitslosigkeit auch eher wieder zu einer neuen Anstellung.

Daher gibt es gerade für Arbeitslose eine breite Palette von Maßnahmen zur beruflichen Weiterbildung und Umschulung, die von den Arbeitsämtern finanziell unterstützt werden. (Globus)

Quelle: *Deutsch aktiv*, Lehrerhandbuch 1, S. 133.

Vorgehen im *Anfangsunterricht*:
a) Besprechung der Überschrift (auf deutsch, wo möglich; in der Muttersprache, wo nötig);
b) Arbeit mit den Stichwörtern; ggf. Sinnerschließung mit Hilfe des Lexikons; in Gruppen: Erstellung eines kurzen zusammenfassenden Textes; Vergleich der Gruppenarbeitsergebnisse;
c) Arbeit mit dem Text: Auffinden der Schlüsselinformationen; der Text enthält sicher viele unbekannte Wörter, die nicht alle gleich wichtig sind. Versuchen Sie mit Ihrer Klasse anhand des Textes das Sachfeld ,,Ausbildung'' zu strukturieren. Gliedern Sie es in ,,gute Ausbildung'' – ,,keine Ausbildung'' – und lassen Sie die Klasse die Schlüsselbegriffe zuordnen.

Vorgehen im *Unterricht mit Fortgeschrittenen*:
a) Denkbar wäre als Vorbereitung die Aktivierung des Sachfeldes ,,Ausbildung'' (gute Ausbildung – keine Ausbildung): Welche Begriffe sind bekannt (sammeln); welche für das Textverständnis wichtigen müssen ergänzt werden?
b) Arbeit mit den Schlüsselwörtern: Erstellung einer mündlichen Zusammenfassung (mit Hilfe von Stichwörtern reden); dann Arbeit mit dem Text.

Das Verständnis eines Textes wird erheblich erleichtert, wenn der Lernende weiß, zu welchem Verständigungsanlaß er im praktischen Sprachgebrauch gehört. Dieses „Vorverständnis" aktiviert ganz bestimmte Erfahrungsbereiche und macht dem Lernenden deutlich, was er mit der Information, die er aus dem Text entnimmt, machen kann.

Im folgenden Beispiel wird ein „trockener" und syntaktisch relativ schwieriger Text (Bedingungssätze) szenisch/dialogisch vorentlastet; die Aussagen im Text werden durch Hervorheben der Schlüsselinformationen verdeutlicht.

1. Der Verkäufer (das Geschäft) muß eine neue Ware zurücknehmen und das Geld bar zurückgeben, wenn die Ware einen Fehler hat.
   ODER
2. Der Verkäufer muß dem Kunden (Käufer) einen Preisnachlaß (Rabatt) geben, wenn der Kunde die fehlerhafte Ware behalten will.
   ODER
3. Der Verkäufer muß dem Kunden eine neue Ware geben, wenn die zuerst gekaufte neue Ware einen Fehler hat. Der Kunde muß dann die erste Ware zurückgeben.
   ODER
4. Das Geschäft muß die neue Ware kostenlos reparieren, wenn der Kunde damit einverstanden ist.
   Die Garantiezeit für eine Ware beträgt mit oder ohne Garantieschein immer 6 Monate.

Vorgehen:
a) Erläuterung der Situation durch den Lehrer (der Pullover hat ein Loch – die Ware hat einen Fehler).
b) Anspielen der Situation (Lehrer als Verkäufer, Lernende als Käufer) nach dem Erlesen der Texte in den Sprechblasen oder gleich vorweg.
c) Unter dem Stichwort „Recht im Alltag – die Ware hat einen Fehler" Sammeln und Ordnen der Verhaltensmöglichkeiten (hervorgehobene Schlüsselwörter), ggf. Erstellung eines einfachen Textes:

Recht im Alltag – die Ware hat einen Fehler

1. Ware zurücknehmen – Geld bar zurückgeben	Das Geschäft nimmt die Ware zurück und gibt das Geld zurück.
2. Preisnachlaß (Rabatt) geben	Der Kunde zahlt weniger.
3. Neue Ware geben	Der Kunde bekommt eine neue Ware.
4. Kostenlos reparieren	Das Geschäft repariert die Ware. Der Kunde bezahlt nichts.

d) Arbeit mit dem Text: Konzentration hier z. B. auf die syntaktische Form der Bedingungssätze möglich.
e) Erneutes Anspielen der Szene unter Zuhilfenahme der dem Text entnommenen Argumente.

Quelle: *Deutsch aktiv*, Lehrerhandbuch 1, S. 133 f.

Der Paralleltext faßt die wichtigsten Informationspunkte in sprachlich einfacher Form zusammen. Es entsteht dabei ein „synthetischer" Text, der die Merkmale eines „Lehrbuchtextes" (gradierter Text) hat. Bei der Arbeit mit vereinfachten Paralleltexten besteht die Gefahr, daß sich in der Klasse Langeweile ausbreitet, wenn sie zweimal „dieselbe Sache" bearbeiten soll. Deshalb sollten bei der Arbeit mit dem Originaltext andere als inhaltliche Fragen im Vordergrund stehen.

Für viele ist Urlaub ein Fremdwort

Acht Millionen Bundesdeutsche haben noch nie eine Ferienfahrt gemacht

STARNBERG — Jede dritte Frau in der Bundesrepublik Deutschland ist in ihrem Leben noch nie oder nur äußerst selten verreist gewesen. Zu diesem Ergebnis kam der Studienkreis für Tourismus in Starnberg. Nach einer eingehenden Analyse kennen gut acht Millionen Bundesbürger das Wort Urlaubsreise nur vom Hörensagen. Bis heute haben sie noch nie eine Ferienfahrt unternommen, die länger als fünf Tage dauerte.

Im vergangenen Jahr sind 21 Millionen der erwachsenen Bundesbürger (das sind 46,3 Prozent) in den Ferien nicht verreist. Rund elf Millionen von ihnen haben überhaupt keinen Urlaub gemacht, sondern durchgearbeitet.

Nach Angaben des Studienkreises konnten zum Beispiel 82 Prozent der selbständigen Landwirte sowie jeweils 40 Prozent der Hilfsarbeiter, Rentner und Hausfrauen in den letzten Jahren nicht verreisen oder waren noch niemals in ihrem Leben auswärts auf Urlaub. Spitzenreiter unter den Touristen sind die leitenden Angestellten und Beamten.

Das steht in dem Artikel:

Absatz 1: Viele Leute in der Bundesrepublik machen keinen Urlaub (8 Millionen; nur jede dritte Frau).

Absatz 2: 1977 ist fast die Hälfte der Erwachsenen nicht weggefahren; 11 Millionen haben keinen Urlaub gemacht.

Absatz 3: Landwirte (= Bauern), Hilfsarbeiter, Rentner und Hausfrauen machen wenig Urlaub. Leitende Angestellte und Beamte machen viel Urlaub.

Quelle: *Deutsch aktiv*, Lehrbuch 1, S. 143.

Arbeit mit dem Text im *Anfangsunterricht:*
a) Besprechung der Überschrift; wie kann man das Problem anders ausdrücken?
   (z. B. viele Leute machen keinen Urlaub)
b) Erarbeitung des vereinfachten Textes (ggf. mit Lexikon in Gruppenarbeit);
c) Arbeit am Originaltext:
   Möglichkeiten: Wegstreichen aller Information, die sich nicht im Paralleltext findet;
   oder: Wie drückt der Originaltext den Sachverhalt aus, der im zusammengefaßten Text steht?
   oder: der Originaltext wird zerschnippelt. Die Lernenden setzen ihn gemäß der Information der Zusammenfassung wieder zusammen (Gruppenarbeit).

Fortgeschrittenenunterricht:
a) Erstellung des Paralleltextes (Zusammenfassung) in Gruppenarbeit/Vergleich.
b) Diskussion des Sachverhalts; Vergleich mit Gegebenheiten im eigenen Land.

Für den Anfangsunterricht besonders geeignet sind Texte, in denen Umfragen verarbeitet worden sind, da in der Vorentlastung ein einfaches Gliederungsschema (Tabelle mit Ordnungsfaktor) entwickelt werden kann.

Beispiel 1:

Im Bundesgebiet die meisten Kinderunfälle

Reuter, **München**

Die Bundesrepublik Deutschland hat die höchste Rate bei Kinderunfällen. Von 100 000 Kindern verunglücken 348, ermittelte die Aktion „Das sichere Haus" in München. In Schweden sind es nur 68 Kinder von 100 000. Die Bundesrepublik führt auch die Statistik der Unfallsterblichkeit an. Während in Schweden elf, in Großbritannien 13, in Italien 16 und in der DDR 17 von 100 000 Kindern bei Unfällen ums Leben kommen, sind es im Bundesgebiet 22. Eine höhere Unfallsterblichkeit haben nur Island mit 26, Portugal mit 27 und Finnland mit 28.

Die DSH appellierte deshalb an alle Eltern, mehr Sicherheitsbewußtsein bei ihren Kindern zu wecken.

Unfälle:

Bundesrepublik:
348 von 100.000 Kindern
Schweden:
68 von 100.000

Tod bei Unfall:

Schweden: 11
  von 100.000
Großbritannien: 13
Italien: 16
DDR: 17
Bundesrepublik: 22
Island: 26
Portugal: 27
Finnland: 28

Vorgehen:
a) Erarbeitung der Überschrift (Erläuterung durch den Lehrer/Erschließung mit Hilfe des Lexikons);
b) Besprechung der Statistik auf der rechten Seite;
c) Arbeit mit dem Originaltext (Lexikon/Gruppenarbeit);
d) Besprechung der Informationsanordnung im Text. Statistiken sind „trocken", sie müssen „bearbeitet" werden, damit sie interessant erscheinen: Im vorliegenden Beispiel hat der Journalist das für die deutschen Leser bedeutsamste Ergebnis der Umfrage an den Anfang des Textes gerückt und in die Überschrift genommen.

Beispiel 2:
Hier ist die Überschrift eine Interpretation der Umfrage und für den Lernenden zunächst nicht ohne weiteres verständlich.

Was steht in der Zeitung?
Samstagabend: Viel Fernsehen (35 von 100) –
wenig Liebe (3,8 von 100)!

Bundesrepublik:		In Ihrem Land?
1.	Fernsehen:	35,2%	1.
2.	Ausgehen:	26,3%	2.
3.	Ausruhen:	7,3%	3.
4.	Gäste:	6,9%	4.
5.	Theater / Konzert / Kino	5,5%	5.
6.	Liebe	3,8%	6.

Vorgehen:
a) Diskussion des Themas „Was macht man am Samstagabend?" (mit der Klasse);

b) Was machen die Bundesdeutschen am Samstagabend? Arbeit mit der Statistik (Lexikon bzw. Erläuterung durch den Lehrer);

c) Arbeit mit dem Text (Lexikon/Gruppenarbeit/ggf. zusammenfassende Übersetzung in die Muttersprache); Interpretation der Überschrift;

d) Vergleich der eigenen Gewohnheiten mit denen der Deutschen.

Quelle (Beispiel 1 und 2): *Deutsch aktiv*, Lehrerhandbuch 1, S. 135 f.

A 7   Aufgliederung: Einteilung eines Textes in Sinnabschnitte

In einem Text deutet ein *Absatz* auf den Beginn eines neuen Sinnabschnittes hin (vgl. Texte in den Beispielen A 3 und A 5). Besonders wenn längere Texte bearbeitet werden sollen, ist es sinnvoll, zunächst die Grobgliederung des Textes festzustellen und die Absätze zu markieren.

Nehmen Sie gut gegliederte Texte und schreiben Sie sie ohne Abschnitte ab. Lassen Sie dann in Gruppen die Sinnabschnitte markieren. Vergleichen Sie das Ergebnis untereinander und mit dem Original!

Beispiel:
Originaltext aus der Zeitung

Kanzler sieht für Ruhrgebiet „große Zukunft"

Essen (ddp). Das Ruhrgebiet hat nach den Worten von Bundeskanzler Schmidt eine „große Zukunft" als Kraftzentrum der Bundesrepublik und für die europäische Wirtschaft.

Schmidt sagte dem Revier am Montag auf der 60-Jahr-Feier des Kommunalverbandes Ruhrgebiet (KVR) – früher Ruhrsiedlungsverband für die 80er Jahre als Folge der verstärkten Nutzung heimischer Kohle und ihrer Veredelung einen „neuen Investitionsschub" voraus.

Die deutsche Steinkohle sei „nie so wertvoll wie heute" gewesen, betonte Schmidt. Die „strategische Notwendigkeit" von Subventionen in Milliardenhöhe werde jetzt bestätigt. „Wir wären verraten und verkauft, hätten wir die Kohle ganz absaufen lassen", sagte der Kanzler.

Nach Auffassung Schmidts muß der Bergarbeiterlohn „schrittweise, langsam aber sicher" wieder an die Spitze der Lohnskala gebracht werden. Er wies ferner darauf hin, daß der Ausländeranteil der im Bergbau untertage Beschäftigten fast 25 Prozent betrage. Daraus ergebe sich eine Fürsorgepflicht, „der wir – wenn wir ehrlich sind – bisher nicht nachgekommen waren". Als eines der wichtigsten sozialen Probleme bezeichnete Schmidt die „volle Integration" der Ausländer bis hin zur Erteilung der deutschen Staatsbürgerschaft. Die lediglich Gewährung eines Kommunalwahlrechts für ausländische Mitbürger bezeichnete Schmidt als nicht ausreichendes „kleines Spielchen".

Mit Nachdruck sprach sich Schmidt für einen Ausgleich zwischen Arbeitsplatz- und Umweltinteressen aus. Beide Seiten dürften sich „nicht absolut setzen".

Quelle: *Hessische/Niedersächsische Allgemeine*, 8. 5. 1980.

Bei dieser Übungsform wird die Arbeitsweise von A 3 (Vereinfachung) angewandt. Es werden aber nicht die Schlüsselwörter und ihre Zuordnung vorgegeben, sondern das dem jeweiligen Text zugrundeliegende Diskursschema wird skizziert. Der Lernende hat die Aufgabe, das graphische Schema mit Hilfe der Schlüsselinformationen des Textes aufzufüllen.

Als Hilfen bieten sich an: Unterstreichen der Schlüsselwörter oder Ausfüllen einzelner Teile der Kästchen.

Texte sind oft so angelegt, daß sie rhetorischen Stilformen entsprechen. Die nachfolgenden Beispiele sind nach dem Schema „Aussage/Feststellung – Beispiele zur Illustrierung der Aussage" (*exemplificatio*) angelegt. Oft verwendete Strukturen: die Reihung oder These – Antithese – Synthese (Zusammenfassung).

Beispiel 1: Hilfe durch Hervorhebung von Schlüsselwörtern

Immer mehr kinderlose Ehen

Wiesbaden (ddp)
Die "Normalfamilie" in der Bundesrepublik wird immer kleiner, und immer mehr Ehen bleiben kinderlos. Wie das Statistische Bundesamt in Wiesbaden mitteilte, sind aus je 100 Ehen, die zwischen 1962 und 1966 geschlossen wurden, im Durchschnitt 175 Kinder hervorgegangen. 14 Prozent aller Ehen blieben kinderlos. Die Statistiker gehen davon aus, daß je 100 Ehepaare, die in den Jahren von 1967 bis 1971 geheiratet haben, nur noch insgesamt 160 Kinder haben werden.

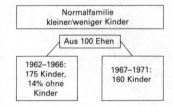

Beispiel 2: Hilfe durch Hinweise in den Kästchen

Alkoholkonsum und **Alkoholismus** werden in den meisten Industrieländern zu einem ernsten Problem. Allein in **Frankreich** schätzt man die Zahl der Alkoholiker auf zwei Millionen; in der Bundesrepublik **Deutschland** auf 1,5 bis 1,8 Millionen.

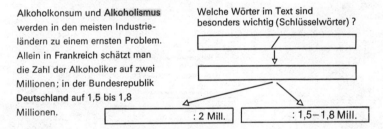

Quelle (Beispiel 1 und 2): *Deutsch aktiv*, Lehrerhandbuch 1, S. 136.

Eine anspruchsvolle Übung für den Unterricht mit Fortgeschrittenen wäre es, die Diskursschemata von den Lernenden selbst finden und aufzeichnen zu lassen.

Das Verfahren der Bedeutungsvermittlung durch Bild/Zeichnung ist durch die audio-visuelle Methode entwickelt und in vielfältigen Variationen verfeinert worden.

Es bedeutet für den Lernenden eine wesentliche Verstehenshilfe, wenn er die zum Text gehörende *Verständigungssituation* kennt. Bilder aktivieren ganz bestimmte Vorerfahrungen und bewirken auf diese Weise, daß der Lernende sich auf einen Text „einstellt" (vgl. Beispiele A 2 und A 4).

Beispiel 1: Koppelung von Situationsbild, Sprechblasentext und beschreibendem Text.

Herr Schmidt hat Freunde. Sie gehen jeden Mittwoch in ein Gasthaus und spielen Skat. Letzten Mittwoch war Herr Schmidt nicht da. Er war krank, er hatte Grippe. Aber heute ist er wieder da. Seine Freunde fragen ihn, wo er letzten Mittwoch war.

Vorgehen:

a) Besprechung der Situation (Wer? Wo? Was tun die Leute?)

b) Arbeit mit den Texten in den Sprechblasen.

c) Lesen des beschreibenden Textes.

Beispiel 2: Koppelung von Situationsbild, zur Situation gehörender Textsorte und beschreibendem Text.

Fahrplan–Auszug vom 28. Mai bis 30. September						
(ohne Gewähr) Gleisänderungen vorbehalten, Lautsprecheransage beachten						
von München Hbf nach FRANKFURT (MAIN) HBF und zurück						
Fernstreckennummer 80 / 90						
km	Fahrpreis				Tariänderungen vorbehalten	
423	Einfach				Vorzugskarte	
	1. Klasse	85.– DM			1. Klasse	146.– DM
	2. Klasse	54.– DM			2. Klasse	92.– DM
Abfahrt dep.	Zug-Nr. train	Gleis track	Ankunft arr	Besonderheiten remarks	U = umsteigen	U = change
7.10	D 714	20	12.05			
7.55	D 588	21	12.19	U Würzburg an 10.33, ab 10.40		
8.47	TEE 14	21	13.16	nur 1. Klasse, Mo bis Fr		
				U Mannheim an 12.28, ab 12.33 (IC)		
9.45	D 514	21	14.41	U Heidelberg an 13.35, ab 13.53		
10.44	IC 188	16	14.30	U Würzburg an 13.06, ab 13.12		
10.48	TEE 16	20	15.16	nur 1. Klasse		
				U Heidelberg an 14.18, ab 14.26 (D)		

Der Herr will nach Frankfurt.
Er will morgen früh fahren.
Er kann schon um 7.55 Uhr fahren,
aber das ist ihm zu früh.
Er kann auch um 8.47 Uhr fahren,
dann muß er in Mannheim umsteigen. Aber
das ist ein TEE, das sind besonders schnelle
Züge.

Man braucht dafür eine Fahrkarte erster Klasse.
Der Herr will zweiter Klasse fahren
und nicht umsteigen.
Er nimmt den Zug um 7.10 Uhr.
Der ist um 12.05 Uhr in Frankfurt.

Vorgehen:
a) Besprechung des Situationsbildes (Wer? Wo? Was wollen die Personen? Was tun sie?);
b) Erläuterung des Fahrplanes;
c) Lesen des Textes;
d) Erstellung des Dialogs zwischen dem Herrn und dem Schalterbeamten (ggf. nachspielen).

Quelle (Beispiel 1 und 2): *Deutsch aktiv*, Lehrerhandbuch 1, S. 137.

A 10 Visualisierung: Verdeutlichung des Verständigungskonzepts

Außersprachliche Zeichen – wie Verkehrszeichen, Hinweisschilder, Skizzen, Pläne usw. – dienen oft dazu, komplexe Handlungsanweisungen zu ,,symbolisieren" (zusammenzufassen). Sie sind an bestimmte Verständigungsanlässe/Situationen gebunden, in denen sie Steuerungsfunktion haben.

Beispiel 3: Zuordnung von Kartenskizze und Text (mit Leitfragen zum Textverständnis)

Jedes Jahr dieselben Verkehrsprobleme!

Stau-Prognose für 16./17. Juni

Mit starken Behinderungen

ist am Wochenende vor allem auf den Autobahnen in Baden-Württemberg (dort beginnen heute die Ferien), in Bayern und im Raum Köln zu rechnen. Diese graphische Übersicht zeigt die vom ADAC veröffentlichten ,,Stau-Strecken".
Auf der Fahrt in den Süden ist es ratsam, schon am Freitagnachmittag in diesen Staugebieten auf Nebenwege auszuweichen.
Wer in Ruhe seinen Urlaub beginnen will, sollte demnach am Dienstag oder Mittwoch starten.

Wenn zu viele Autos auf den Straßen sind, gibt es ,,Staus" und ,,Behinderungen"; d. h. man muß oft langsam fahren oder warten.

– Warum gibt es am 16.-17. Juni Staus?

– Zwischen welchen Städten gibt es Verkehrsprobleme?

– Was ist ratsam? Was soll man tun?

– Wann kann man besser in den Urlaub fahren?

– Wann und wo gibt es in Ihrem Land Verkehrsprobleme?

Erarbeitung im *Anfangsunterricht*:
a) Arbeit mit der Karte (Erläuterung von *Stau* und *zähflüssiger Verkehr;* Diskussion eines Beispiels: Welche Strecke ist am günstigsten, welche am ungünstigsten, wenn man von Hamburg nach Saarbrücken fahren will?);

b) Textarbeit. Textvereinfachung: Behinderung (Stau) vom Wochenende auf den Autobahnen in Baden-Württemberg, Bayern und bei Köln. / Am Freitag auf Nebenwege ausweichen oder schon am Dienstag oder Mittwoch fahren;
c) Bearbeitung der Fragen in der Textspalte rechts.

Quelle: *Deutsch aktiv*, Lehrerhandbuch 1, S. 138.

Im *Unterricht mit Fortgeschrittenen* könnte sich an die Bearbeitung des Textes z. B. eine Reiseempfehlung zur Fahrt von Hamburg nach Saarbrücken anschließen.

A 11   Aktivierung des Vorwissens: Arbeit mit dem jeweiligen Sachfeld

Für den Lernenden bedeutet es eine wesentliche Verstehenshilfe, wenn er Gelegenheit bekommt, sich *vor* der Arbeit mit dem Text auf das Thema/den Sachverhalt des Textes einzustellen. Bei *Sachtexten* ist deshalb die Vorbereitung durch eine systematische Darstellung des Sachfeldes sinnvoll. Sie strukturiert das *Vorwissen* (inhaltlich und sprachlich), läßt Lücken erkennen und verweist auf die Bezüge einzelner Ausdrücke innerhalb des Sachfeldes.

Quelle: *Deutsch aktiv*, Lehrbuch 2, S. 77.

Wird der vorliegende Text auf der *Grundstufe* (gegen Ende) eingesetzt, dann bereitet das systematisch auf den Text ausgewählte Sachfeld „Arbeit" den globalen Verstehensprozeß des „Arbeitsvertrags" vor.
Verfahren:
a) Besprechen des Sachfeldes *(advanced organizer)* rechts;
b) dann Aufsuchen der Schlüsselbegriffe im Text.
Im Unterricht mit *Fortgeschrittenen* könnte das Sachfeld gemeinsam mit der Klasse entwickelt werden (Tafelanschrieb mit Zuordnung durch Pfeile).

A 12   Zuordnung: Zusammenfügen von Sätzen

Zu einem Text wird zunächst ein vereinfachter, dem Kenntnisstand der Lernenden entsprechender Paralleltext erstellt. Dann werden die Sätze dieses Textes zerschnippelt und in zwei Reihen angeordnet (Satzanfänge – Satzenden).
Der Lernende verbindet mit einem Pfeil die Satzteile, die zusammengehören.

Die Geschichte von Antek Pistole – ein Roman aus Margarinien.
Margarinien ist ein Land, ein Land wie Griechenland, Jugoslawien und die Türkei – nur etwas kleiner. Margarinien liegt im Süden.
In einem kleinen Dorf in Margarinien lebte vor 70 Jahren Antek Pistole, der Besenbinder. Was ist ein Besenbinder? Ein Mann, der Besen macht!
Antek Pistole war ein guter, ehrlicher Mensch . . .

Quelle: *Deutsch aktiv*, Lehrbuch 1, S. 120.

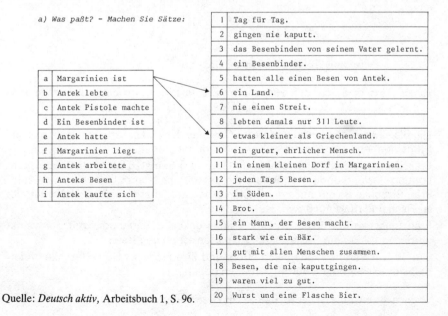

a) Was paßt? – Machen Sie Sätze:

		1	Tag für Tag.
		2	gingen nie kaputt.
		3	das Besenbinden von seinem Vater gelernt.
		4	ein Besenbinder.
a	Margarinien ist	5	hatten alle einen Besen von Antek.
b	Antek lebte	6	ein Land.
c	Antek Pistole machte	7	nie einen Streit.
d	Ein Besenbinder ist	8	lebten damals nur 311 Leute.
e	Antek hatte	9	etwas kleiner als Griechenland.
f	Margarinien liegt	10	ein guter, ehrlicher Mensch.
g	Antek arbeitete	11	in einem kleinen Dorf in Margarinien.
h	Anteks Besen	12	jeden Tag 5 Besen.
i	Antek kaufte sich	13	im Süden.
		14	Brot.
		15	ein Mann, der Besen macht.
		16	stark wie ein Bär.
		17	gut mit allen Menschen zusammen.
		18	Besen, die nie kaputtgingen.
		19	waren viel zu gut.
		20	Wurst und eine Flasche Bier.

Quelle: *Deutsch aktiv*, Arbeitsbuch 1, S. 96.

A 13 Zuordnung: Inhaltlicher Bezug

Im folgenden Beispiel soll der Lernende entscheiden, welche Aussage von welcher Person gemacht wird.

a) Die "Schlankheitskur"

Herr Peters, sein Chef und zwei Kolleginnen beschließen, gemeinsam eine Schlankheitskur zu machen. Nach sechs Wochen hören sie wieder auf. – Hier ist ihre Meinung:

Gabriele Permer (45), Verkäuferin
"Ich wollte 25 Pfund abnehmen. Anfangs ging's ja auch ganz gut, aber dann sehr langsam. Ich habe jetzt 10 Pfund abgenommen und fühle mich wohl. Ich esse jetzt viel Salat, Obst und Fisch."

Carsten Peters (39), Abteilungsleiter
"Wenn Sie mich fragen: Das ist doch alles Unsinn! Ich war die ganze Zeit nervös und schwach! Da soll man rohes Gemüse und so Zeug essen! Mein Grundsatz: Gut essen hält gesund – *nicht* abnehmen!"

Margret Lucas (22), Angestellte
"Nach dem Urlaub hat mir mein Bikini nicht mehr gepaßt! Während der Kur habe ich 15 Pfund abgenommen! Die Mühe hat sich wirklich gelohnt!"

Jürgen Nase (48), Direktor
"Ich habe auch mitgemacht – es hat nichts genutzt! Ich esse jetzt wieder ganz normal. Man muß sportlich leben und ein bißchen auf das Gewicht achten, dann geht's auch ohne Schlankheitskur!"

Ü Wer sagt was?

Herr Nase	Zuerst habe ich viel abgenommen, dann wenig.
Herr Peters	Vernünftig essen und vernünftig Sport treiben!
Frau Lucas	Ich bin dagegen: Man fühlt sich richtig krank.
Frau Permer	Es hat viel Mühe gemacht; aber ich habe fast nicht abgenommen.

Quelle: *Deutsch aktiv*, Lehrbuch 2, S. 42.

A 14 Zuordnung: Bildergeschichte – Text

Einem Text wird eine durcheinandergewürfelte Bilderfolge beigegeben. Der Lernende ordnet die Bilder so, daß sie dem Ablauf der Geschichte entsprechen.

Die Blaschkes haben Frau und Herrn Özer aus der Türkei kennengelernt und für Samstagabend eingeladen, weil sie sie sehr nett finden.

Blaschkes sind sehr überrascht, als Özers am Samstag nicht allein kommen, sondern ihre Freunde mitbringen, die gerade aus Istanbul zu Besuch da sind. Frau Blaschke ist nur auf zwei Gäste vorbereitet, aber Herr Blaschke bittet alle zu Tisch und rückt noch zwei Stühle heran.

Frau Blaschke hat etwas wirklich Feines gekocht: Sauerkraut mit Schweinswürstchen. Aber die Gäste sagen, sie hätten schon gegessen.

Um 10 Uhr verabschieden sich Özers und ihre Freunde. Herr Blaschke findet, daß sie sich sehr merkwürdig verhalten haben.

Ordnen Sie bitte die Bilder so, daß sie zur Geschichte passen!

Quelle: *Deutsch aktiv*, Arbeitsbuch 1, S. 121.

A 15   Zuordnung: Zusammenfügen eines Textes aus Einzelsätzen

Zu einem Text wird zunächst ein vereinfachter Paralleltext erstellt, der die wichtigsten Inhaltspunkte enthält. Dann werden die einzelnen Sätze durcheinandergewürfelt (,,Telexsalat'').

Aufgabe der Lernenden ist es, die Sätze in die richtige Reihenfolge zu bringen, so daß eine fortlaufende Geschichte entsteht. Zwei der folgenden Sätze stimmen mit den Aussagen der Meldung nicht überein und müssen übrigbleiben.

Wie lautet die Meldung?

Einbruch in eine Villa

Dillenburg (dp). In eine Villa in der Ilmenkuppe in Dillenburg sind am Freitag zwischen 18.30 und 22.30 Uhr Diebe eingedrungen, die offensichtlich beobachtet hatten, wie die Eigentümerin das Haus verließ. Die Täter hatten schon mehrere wertvolle Teppichbrücken zusammengerollt und zum Abtransport bereitgelegt, als sie von der zurückkehrenden Frau offenbar gestört wurden und ohne Diebesgut verschwanden. Der angerichtete Sachschaden beträgt 200 DM. Möglicherweise die gleichen Unbekannten haben am Donnerstag oder Freitag in Fleisbach versucht, in ein Wohnhaus einzudringen. Sie richteten auch dort lediglich Sachschaden in Höhe von 500 Mark an.

(Dillpost vom 20.7.1977)

Die Diebe stahlen mehrere Gemälde.

In eine Villa ist eingebrochen worden.

Die Diebe wurden überrascht und verschwanden.

Die Diebe konnten nichts mitnehmen.

Es wurden einige Teppichbrücken entwendet.

Die Diebe wollten Teppichbrücken stehlen.

Die Diebe hatten woanders einen Sachschaden verursacht.

Es wurden DM 200.- gestohlen.

Die Diebe hatten wahrscheinlich schon woanders eingebrochen.

Der Einbruch fand am Montag statt.

Der Einbruch war am Freitag.

Bei dem folgenden Aufgabentyp werden zu einem Text eine Reihe von Aussagen gemacht. Der Lernende entscheidet aufgrund der Information, die er aus dem Text bekommt, ob die Aussagen richtig oder falsch sind (X).

Beispiel:

Mutter: Inge, hast du Lust, mit mir einkaufen zu gehen?

Inge: Oh, eigentlich wollte ich Marion helfen, ihre Party heute abend vorzubereiten.

Mutter: Mußt du da denn unbedingt auch hin? Marion hat doch viele Freundinnen, und ich brauche wirklich jemand, der mir beim Tragen hilft.

Inge: Ja, aber ich hatte Marion versprochen, ihr meinen Kassettenrekorder und ein paar Kassetten 'rüberzubringen.

Mutter: Das kannst du doch auch nachmittags erledigen!

Inge: Wir haben uns aber um halb elf verabredet! Vielleicht ist sie am Nachmittag gar nicht da. Bei dem schönen Wetter!

Mutter: Wie wäre es, wenn ich dich nach dem Einkaufen bei Marion vorbeifahre? Es ist ja jetzt erst neun.

Inge: Na gut. Wenn wir jetzt gleich losfahren, dann schaffe ich es bis halb elf.

Falsch oder richtig?	richtig	falsch
1. Inge möchte einkaufen gehen.		
2. Marion hat heute abend eine Party.		
3. Inge hat versprochen, Marion vormittags zu helfen.		
4. Die Mutter bringt den Kassettenrecorder zu Marion.		
5. Wenn sie sofort losfahren, kommt Inge noch rechtzeitig.		

Quelle: Ausarbeitung der Arbeitsgruppe Deutsch als Fremdsprache im Mavo-Projekt, Holland 1979.

Für Tests eignen sich die Richtig-Falsch-Aufgaben wegen ihres hohen Ratefaktors (50%) nur bedingt.

Zu einem Text werden Aufgaben entwickelt, bei denen der Lernende unter einer Reihe von Aussagen diejenige aussuchen und ankreuzen soll, die der Information des Textes entspricht.

Multiple-Choice-Aufgaben sind wegen ihrer ,,Objektivität" bei der Überprüfung des Textverständnisses sehr beliebt (bei 4 Distraktoren ist der Ratefaktor auf 25% begrenzt; bei 5 Diskretoren liegt er bei 20%). Es gehört jedoch einige professionelle Erfahrung bei der Testerstellung dazu, fünf ,,mögliche" Distraktoren zu einem Sachverhalt zu finden!

Multiple-Choice-Aufgaben können in einer Reihe von Variationen erstellt werden:

a) Nur *ein* Distraktor ist richtig, alle anderen sind falsch.

b) Dem Lernenden wird angegeben, daß eine bestimmte Anzahl von Distraktoren, z. B. 2 von 5, richtig, die anderen falsch sind.

c) Dem Lernenden wird nicht angegeben, wie viele Distraktoren richtig bzw. falsch sind.

Beispiele für a), die am häufigsten verwendete Variante:

```
Luxemburg ist ein Land, das         a   ein großes Land im Osten von Europa.
zwischen dem 49. und 50.            b   ein kleines Land im Süden von Europa.
Breitengrad liegt, nur wenige       c   ein kleines Land mitten in Europa.
Einwohner hat und zwischen          d   ein kleines Land mitten in Südamerika.
Frankreich, Belgien und
Deutschland liegt. -
Luxemburg ist .....
```

```
Die Römer schützten die Grenze      a   Die Römer marschierten nach Gallien.
zwischen Gallien und Germanien.     b   Die Germanen griffen die Römer an.
Die Germanen marschierten nach      c   Die Römer marschierten nach Germanien.
Gallien und griffen die Römer an.   d   Die Germanen schützten die Grenze
                                        zwischen Gallien und Germanien.
```

```
"Meine Uhr! So ein Mist!            a   Er hat zehn Minuten keine Zeit gehabt.
Vor 10 Minuten habe ich sie         b   Er hat keine Zeit mehr.
noch gehabt. Jetzt ist sie weg!"    c   Er hat zehn Minuten verloren.
- Was ist passiert?                 d   Er hat seine Uhr verloren.
```

```
Die Schweiz ist ein Bundesstaat         Die Schweiz ist ein deutsches Bundes-
mitten in Europa. Man spricht       a   land.
Deutsch, Französisch und                Die Schweiz ist ein Land, in dem man
Italienisch. Die Schweiz liegt      b   Deutsch, Französisch, Italienisch
zwischen Deutschland, Frankreich,       spricht.
Österreich und Italien.             c   Die Schweiz liegt mitten in Österreich.
                                        Die Schweiz ist ein Bundesstaat von
                                    d   Frankreich, Österreich und Italien.
```

Quelle: *Deutsch aktiv,* Arbeitsbuch 1, S. 128.

Stufe B

Grundlegung von Mitteilungsfähigkeit – Übungen mit reproduktivem Charakter zur sprachlichen Form

Wer sich in einer bestimmten Situation in einer fremden Sprache spontan äußern will, tut das nicht, indem er – computergleich – eine grammatisch angemessene Form aus einem Formenspeicher abruft und dann ausspuckt; er versucht vielmehr, sich an ein Redemittel zu erinnern, das er in einer gleichen oder ähnlichen Situation bereits einmal verwendet bzw. zu verwenden gelernt hat. Das Redemittel, das er schließlich benutzt, ist eine von mehreren bzw. vielen Realisationsmöglichkeiten einer Sprechabsicht. Je nach dem Stadium des Fortschritts, das ein Lernender in einer fremden Sprache erreicht hat, sind die Realisationen der Sprechabsichten mehr oder weniger komplex. Die Sprechintention ,,Zustimmen" z. B. kann durch viele verschiedene einfache oder komplexere Redemittel realisiert werden, die von dem Lernenden je nach dem Grad seiner bereits erworbenen Sprechfertigkeit benutzt werden:

Ja.	*Das ist wahr.*
Stimmt!	*Da hast du recht.*
Genau!	*Das glaube ich auch.*
Wie wahr!	*Das ist auch meine Meinung.*
Das stimmt.	*Da stimme ich dir voll und ganz zu.*
Meine ich auch.	*Man müßte ja blöd sein, wenn man das nicht auch so sähe.*

Schon diese kleine Auswahl aus ungezählten Realisationsmöglichkeiten einer einzigen Sprechintention läßt verschiedene Einsichten zu:

1. Je komplexer das Redemittel ist, desto größer ist auch das Ausmaß der offenbar werdenden (und eventuell meßbaren) Sprechfertigkeit des Lerners. Zwischen der Verwendung des einfachen zustimmenden ,,Ja" oder ,,Stimmt!" und dem situationsgerechten Gebrauch eines Satzgefüges wie ,,Man müßte ja . . . , wenn . . . " liegen sicherlich mehrere Stufen des Spracherwerbs.

2. Bereits die wenigen oben aufgeführten Redemittel lassen erkennen, daß Redemittel nicht gleich Redemittel ist, d. h. daß die Realisationen einer Sprechabsicht nicht beliebig austauschbar sind. Ein mit dem Brustton der Überzeugung gesprochenes ,,Wie wahr!" hat als Zustimmung eine andere Wertigkeit als der als Reaktion auf ein überzeugendes Argument nachdenklich geäußerte Satz ,,Das ist wahr". Die Situation, in der ein Redemittel verwendet wird, der Gesprächszusammenhang, in dem der Sprechende sich äußert, bestimmen und beeinflussen den Wert oder die Wirkung einer Äußerung. Eine wichtige Rolle spielt dabei auch die Intonation. Eine Äußerung wie z. B. ,,Da hast du recht", kann durch wechselnde Intonation auf vielfältige Weise als Redemittel der Zustimmung variiert werden. Auch Gestik und Mimik, die eine Äußerung begleiten, können eine bestimmende Rolle spielen. – Viele Redemittel gehören auch bestimmten Registern an, welche bestimmt sein können durch Alter, Herkunft, sozialen Status, Bildungsgrad des Sprechers etc. So würde eine Äußerung wie ,,In diesem Punkte haben Sie meine rückhaltlose

Zustimmung" aus dem Munde eines neunjährigen Grundschülers nur komisch und deplaciert wirken.

3. Wenn schon Redemittel nicht gleich Redemittel ist, so ist erst recht nicht Redemittel gleich sprachlicher, grammatischer Form. Besonders die zweite Hälfte der oben aufgeführten Redemittel zeigt, daß diese Äußerungen in ihrer Komplexität nicht nur eine sprachliche Form enthalten.

Welche Folgerungen ergeben sich aus diesen Einsichten im Hinblick auf die Lernmethode?

1. Der Lerner muß dazu gebracht werden, während des länger andauernden Prozesses des Erwerbs der fremden Sprache mehr und mehr Realisationen von Sprechabsichten (Redemittel) kennenzulernen, zu üben, in gestuften Übungsabläufen immer wieder zu verwenden und schließlich zu internalisieren. Diese Aneignung kann natürlich nicht paketweise erfolgen (In dieser Woche lernen wir ,,Zustimmen"). Der Lerner erwirbt anfangs einige wenige Redemittel – entsprechend dem noch geringen Ausmaß seiner Sprechfertigkeit. Im Laufe der Zeit erwirbt und benutzt er – je nach Lernvermögen – weitere Redemittel. Bei dieser Art von Spracherwerb bewegt er sich wie auf einer Spirale: immer wieder kommt er – aufsteigend – an eine Windung der Spirale, auf der eine bestimmte Sprechabsicht – transportiert durch neue Inhalte oder Themen – ihm wiederbegegnet. Er lernt neue Realisationen dieser Sprechabsicht kennen und benutzen, die seinem an diesem Punkt erreichten Fortschritt entsprechen, seinem Fortschritt an Alter oder Reife oder Einsichtsfähigkeit oder Gewandtheit.

2. Hieraus ergibt sich die zweite Folgerung: Soll sich der Lernende beim Erwerb der fremden Sprache wie auf einer Spirale fortbewegen und dabei – immer wieder bestimmten Sprechabsichten begegnend – seinen Vorrat an Redemitteln vergrößern, so muß das Medium, das diese Sprechabsichten und ihre Realisationen an ihn heranbringt, seinem Alter, seiner Reife, seiner Einsichtsfähigkeit usw. angemessen sein, d. h. die für den Sprachunterricht herangezogenen Texte müssen authentisch, ja für den Lerner als authentische Texte erkennbar sein, die Inhalte müssen dem Erfahrungs- und Erlebnisbereich (im weitesten Stinne) des Lerners entstammen, damit er in den auf die Texte folgenden Übungsabläufen immer als ,,er selbst" agieren kann.

3. Eine der Entwicklung des Lernenden angemessene Progression in den Textsorten und auch in den Inhalten ist also wichtiger als jeder wie auch immer progredierende Erwerb von grammatischen Strukturen, da diese an sich ja noch keine Realisationen von Sprechabsichten sind, sondern nur Teile davon. Formentafeln oder Darstellungen grammatischer Regeln können dazu dienen, vom Lerner bereits erahnte oder erfaßte oder durch häufigen Gebrauch akzeptierte oder auch teilweise erkannte Regelmäßigkeiten zusammenfassend und überschaubar und bestärkend festzuhalten.

Der Lerner soll also die fremde Sprache lernen, indem er sich mit authentischen Textsorten, die diese Sprache transportieren, auseinandersetzt.

In der vorangegangenen Phase A, der Phase der Entwicklung von Verstehensleistungen, ist gezeigt worden, wie und mit welchen Mitteln oder Hilfen sich der Lernende dem fremdsprachigen Text verstehend nähert. Nun soll er auf den Text reagieren, er soll sprechen oder sich (mündlich oder schriftlich) äußern. Dieses Reagieren beschränkt sich aber nicht darauf, daß der Lerner sich lediglich zu dem Text äußert, er soll auch mit dem Text etwas machen können, d. h. er soll in einer simulierten Situation, die der im Ausgangstext vorkommenden Situation gleicht oder ähnelt, eine bestimmte Rolle übernehmen und diese sprachlich ausfüllen. Auf die Dauer wird der Lerner solche Rollen in simulierten Situationen glaubhaft (auch vor sich selbst) und ohne sich veralbert zu fühlen nur dann einnehmen können, wenn er (wie bereits oben betont) auch in angenommenen Rollen ,,er selbst" sein kann und wenn er vor einem ihm bekannten Erfahrungs- und Erlebnishintergrund agieren kann. (So wird ein Ausländer, der die deutsche Sprache lernt, nur sehr schwer und nicht ohne ein Gefühl der ,,Entfremdung" einen deutschen Straßenbahnschaffner, wohl aber den Fahrgast, der in einer deutschen Straßenbahn fährt, spielen können.)

Wenn man also den Erwerb von Sprache so sieht, daß der Lernende nach und nach einen wachsenden Vorrat an Realisationen von Sprechabsichten (Redemittel) kennenlernt und sich diese durch übendes Benutzen in einer (simulierten) Situation in jeweils einem für ihn relevanten Kontext aneignet, dann wird einem klar, daß das Vorgehen nach einer linearen grammatischen Progression im Sprachunterricht und das Belasten des Lernenden mit Vokabel-,,Säcken" im besten Falle lediglich zu Teilergebnissen, im schlimmsten Falle zur Demotivation des Lerners führen kann.

Daß damit nicht der Standpunkt einer vollkommenen Ablehnung von Grammatik- und Wortschatzarbeit im Sprachunterricht vertreten wird, ist bereits oben angedeutet worden. Grammatisch richtiges Sprechen und Verfügen über einen reichen Wortschatz können dem Lerner eine große Hilfe beim Variieren oder Transferieren verfügbarer Redemittel sein; sie sind aber immer in dienender Funktion, an erster Stelle steht die (mündliche oder schriftliche) Realisation der kommunikativen Absicht des Sprechenden.

Es wäre allerdings verfehlt, wollte man an die Stelle von Grammatiktabellen und Vokabellisten nun riesige Apparate von Redemittelsammlungen zu allen für den Lerner relevanten Sprechintentionen setzen in der Meinung, nun ein Mittel zur Beschreibung und Festlegung von ,,Anforderungen" für bestimmte Lernabschlüsse zu besitzen. Realisationen von Sprechabsichten gewinnen Leben erst in einem kommunikativen Zusammenhang. Eine tabellarisch oder listenmäßig – wie ,,lückenlos" auch immer – gestaltete Zusammenfassung von Redemitteln kann höchstens als ,,Steinbruch", als ,,Fundgrube" dienen, niemals als Instrument zur Definition von Qualifikationen, etwa: Der Lerner N.N., der n Redemittel kennt, hat damit den Lernabschluß XYZ erworben.

Im Übungsablauf einer Lerneinheit würde auf die Phase A der verstehenden Annäherung an einen Text (Hör-, Seh-, Leseverstehen – gestützt und verstärkt durch entsprechende Übungen) nun die Phase B der Grundlegung der Mitteilungsfähigkeit mit stark steuerndem, reproduktivem Charakter folgen. Das Lernverhalten in der Phase B ist weitgehend reproduktiv. Redemittel, die in Übungen der Phase B vorkommen, werden dem Lernenden vorgegeben. Stark gelenkt durch einen festen Übungsrahmen, übt er ihre Benutzung ein.

Die einfachste und gängigste Form des stark vorstrukturierenden Übens sprachlicher Äußerungen ist die der Satzschalttafel. In Tabellenform vorgegebene Teile werden vom Lerner ausgewählt und so kombiniert, daß abgeschlossene Äußerungen entstehen. Der Lerner geht hier überwiegend mechanisch-probierend vor.
Diese in herkömmlichen Lehrwerken häufig auftretende Art der Übung leidet allerdings oft darunter, daß sie – infolge einer wahrscheinlich angestrebten großen Variabilität – mit Worten und Formen überfrachtet ist, so daß der Lerner – in dem Bestreben, möglichst viele Kombinationen herzustellen – leicht sinnlose oder absurde Äußerungen produziert:

Haben Verkaufen	Sie	dicke grüne reife billige	Eier Tomaten Bohnen Äpfel	?	Nein, wir haben nur	kleine. gelbe. grüne. teure.

An dem obigen Beispiel ist allerdings für den Lerner der Kontext, der kommunikative Rahmen, in den die zu bildenden Äußerungen passen, noch erkennbar: es ist eine Verkaufssituation. Sehr häufig sind die Inhalte solcher Tafeln jedoch nicht kontextualisierbar.

Satzschalttafeln sind als Übungsform nur dann für den Lernenden sinnvoll, wenn ihnen ein relevanter kommunikativer Rahmen mitgeliefert wird, wenn es deutlich wird, daß es einen Sender und einen Empfänger der vom Lerner zu erstellenden Äußerungen gibt.

Sender   Empfänger

Gutaussehende(s) Anziehende(s) Langhaarige(s) Schlanke(s) Nette(s) Bescheidene(s) Unabhängige(s)	Dame Frau Mädchen Fräulein	sucht wünscht	liebevollen intelligenten lieben netten freundlichen verständnisvollen wohlhabenden	Herrn. Mann. Partner.

Die oft für diese Art der Übung benutzte Bezeichnung „Substitutionstafel" soll einer anderen Form der Übung vorbehalten bleiben, in der nicht nur vorgegebene Teile kombiniert (geschaltet) werden, sondern bestimmte Teile einer Äußerung vom Lernenden selbst eingesetzt (substituiert) werden. Da dies eine wesentlich offenere Form der Übung ist, wird sie erst unter den Übungen der C-Phase aufgeführt.

Eine Satzschalttafel (als Übungsform der Phase B) eignet sich besonders als Vorschaltübung zu einer Übung der Phase C. Sie liefert in einem solchen Falle dem Lerner die Redemittel, die er in einer folgenden offeneren (C-)Übung benötigt.

B 3   Memorisierungsübung, bildgestützt

Die im Beispiel auf S. 73 gezeigte Memorisierungsübung basiert auf einer Satzschalttafel, in der in komplexerer Form die Teile von Redemitteln vorgegeben sind, die ein Wohnungsbesitzer benutzt, wenn er Gästen seine neue Wohnung zeigt, bzw. die von den Gästen benutzten Realisationen der (affektiven) Sprechintentionen „etwas loben/bewundern". Die Kommunikationssituation wird sichtbar gemacht durch ein Schaubild, in dem die Äußerungen der Gastgeber und der Gäste in Sprechblasen festgehalten sind. Ein so anschaulich dargestellter Situationsrahmen kann die Lernenden natürlich zur Imitation und zum simulierenden Nachspielen der Situation anreizen.

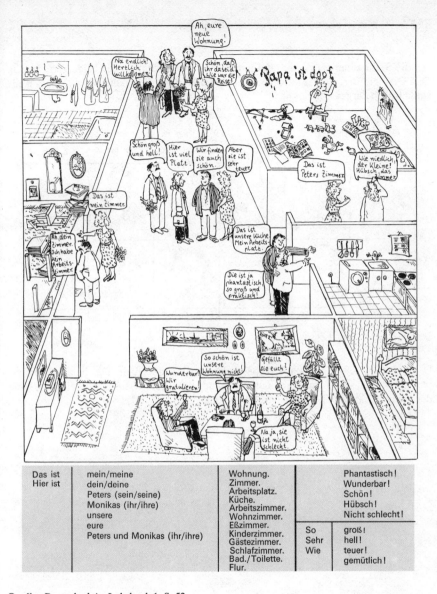

Das ist Hier ist	mein/meine dein/deine Peters (sein/seine) Monikas (ihr/ihre) unsere eure Peters und Monikas (ihr/ihre)	Wohnung. Zimmer. Arbeitsplatz. Küche. Arbeitszimmer. Wohnzimmer. Eßzimmer. Kinderzimmer. Gästezimmer. Schlafzimmer. Bad./Toilette. Flur.	Phantastisch! Wunderbar! Schön! Hübsch! Nicht schlecht!
			So / Sehr / Wie : groß! hell! teuer! gemütlich!

Quelle: *Deutsch aktiv,* Lehrbuch 1, S. 52.

An die Stelle einer Satzschalttafel kann auch eine Bildtafel oder Bilderserie treten. Das Dialogmuster wird schriftlich (oder mündlich) vorgegeben. Die flexiblen Teile sind bildlich dargestellt.

Guten Tag! Wie geht's?

A   ○ Hallo, Gerda!
       Wie geht's?
    ● Es geht. / Gut.

B   ○ Guten Tag, Frau Müller.
       Wie geht es Ihnen?
    ● Danke, gut. / Es geht, danke.

Quelle: *Deutsch aktiv*, Lehrbuch 1, S. 13.

Diese Art der Übung eignet sich besonders für Partnerarbeit. Die beiden Übungspartner wählen sich jeweils ein Figurenpaar aus der Bildtafel aus und spielen mit Hilfe der beiden Dialogmuster die Begrüßungsszene.

Hier folgt ein Beispiel für eine Übungsreihe bildgesteuerter Memorisierungsübungen in Gruppenarbeit (für 4 Personen: Kellner und drei Gäste).

1

○ Guten Abend.
● Bitte ein Paar Würstchen mit Brot.
○ Etwas zu trinken?
● Ja, ein Bier.

2

Was möchten Sie?   ○ Möchten Sie . . . . .?
                              ● Nein, danke!
                                 Nein, vielen Dank!
                                 Ja, gerne!
                                 Ja, bitte!
                                 Nein, lieber . . . . .

                    ○ Mit . . . . .?
                              ● Nein, danke!
                                 Ja, bitte!

3

Und was nehmen Sie?

○ Guten Tag. Ja, bitte?
● Ein Bier, bitte.

Was macht das, bitte?

○ Herr Ober, was macht das?   ● Das macht vier Mark dreißig.

2,70 1,60	2,70	2,80	2,30	1,80	1,30
4,30	3,80	1,50	1,30	0,90	1,80

Quelle: *Deutsch aktiv*, Lehrbuch 1, S. 24 f.

Memorisierungsübungen im Sprachlabor sind Variationsformen des Übungstyps *Satzschalttafel*. Die flexiblen Teile im Dialog- oder Textmuster werden nicht grafisch (als gedrucktes Wort oder als Bild), sondern akustisch (als Sprechimpuls) geliefert und vom Lerner in das Dialog-/Textmuster eingesetzt, so daß eine sinnvolle Aussage entsteht. Auch bei dieser Art des Übens – des Einschleifens oder des wiederholenden Einübens – muß dem Lernenden der situative Kontext gegenwärtig sein, damit ihm nicht das Nachplappern sinnloser, absurder Äußerungen abverlangt wird (Ich bin ein Apfel – du bist eine Banane – er ist eine Pflaume).

Bitte hören Sie zu!

Wenn sie meine Briefmarken sehen wollen, kommen Sie doch mit!	Ach ja, vielen Dank, aber ich interessiere mich gar nicht für Briefmarken.

Und jetzt sprechen Sie!

Wenn Sie meine Briefmarken sehen wollen, kommen Sie doch mit!	Ach ja, vielen Dank, aber ich interessiere mich gar nicht für Briefmarken.
Wenn Sie unsere Fotos sehen wollen, rufen Sie doch an!	Ach ja vielen Dank, aber ich interessiere mich gar nicht für Fotos.
Wenn Sie meine Beatplatten hören wollen, kommen Sie doch am Sonntag.	Ach ja, vielen Dank, aber ich interessiere mich gar nicht für Beatplatten.

Nach Roland Schäpers: *Sprechübungen zu Deutsch 2000*, Bd. 1, München (Max Hueber Verlag) 1973.

Die akustischen Impulse können bei Sprachlaborübungen auch durch grafische (Bilder, Symbole) gestützt oder ersetzt werden:

Beispiel:
zehn vor sieben   Der Zug kommt um zehn vor sieben an.

Bild 1:   Der Zug kommt um zehn vor sieben an.

Bild 2:   Der Zug kommt um halb vier an.

Bild 3:		Der Zug kommt um zehn nach sechs an.
Bild 4:		Der Zug kommt um zwanzig nach vier an.
Bild 5:		Der Zug kommt um fünf vor zwölf an.
Bild 6:		Der Zug kommt um Viertel vor drei an.

Nach Lorenz Nieder, *Sprechübungen zu Schulz-Griesbach: Deutsche Sprachlehre für Ausländer*, München (Max Hueber Verlag) 1973.

B 4.3   Memorisierungsübung, Sprachlabor

Besonders nützlich ist das Sprachlabor (in dieser Phase) zum Einschleifen richtiger und der Sprechabsicht angemessener Intonation, da es oft von ihr abhängt, ob die gewünschte Wirkung einer Aussage auf den Zuhörer erzielt wird.

A
Bitte hören Sie gut zu, aber sprechen Sie nicht nach.
Das Geschenk
Heute ist der sechzehnte September. Renate hat ihren dreiundzwanzigsten Geburtstag. Dieter hat sich mit ihr zum Abendessen verabredet.
Herzlichen Glückwunsch zum Geburtstag, Renate, und alles Gute.
Was wünschst du dir denn?
Ach, ich habe viele Wünsche. Ich möchte ein weißes Schloß am Meer, in Spanien zum Beispiel.
Das tut mir leid. Das kann ich dir jetzt nicht kaufen. Vielleicht in zwanzig Jahren.
Dann wünsche ich mir einen roten Sportwagen.
Einen roten? Schade, es gibt im Augenblick nur grüne.
Dann schenk mir eine schwarze Pelzjacke.
Weißt du, Schwarz steht dir nicht.
Ja, was soll ich mir denn noch wünschen?
Ich habe dir was mitgebracht.
Oh, zeig mal, was ist es denn?
Das sage ich nicht. Rate mal!
Ist es groß?
Nein, es ist klein.
Ist es schwer?
Nein, es ist leicht.
Ist es teuer?
Nicht sehr. Du weißt doch, ich habe nicht viel Geld. Aber billig ist es auch nicht.

Eine braune Handtasche?
Nein.
Ein gelber Pullover? Ein langes Kleid?
Auch nicht. Ich habe gesagt, es ist klein.
Dieter, ist es rund?
Ja.
Ist es ein goldener Ring?
Na endlich!

Renate gibt Dieter einen Kuß. Der Ober sieht zu und freut sich. Dann sagt er:
,,Möchten Sie jetzt bestellen?''

B
Und jetzt sprechen Sie bitte nach.
(Auf dem Tonband folgt Text A mit Nachsprechpausen.)

Quelle: s. B 4,1.

Wie Übungen der Form *Schalttafel* sind auch Memorisierungs-(Drill-)Übungen im Sprachlabor auf die Dauer nicht sehr wirkungsvoll, wenn sie isoliert, d. h. nicht in einem größeren Übungsablauf, durchgeführt werden. Erst in der Verbindung mit Übungen der Stufe C erhalten Memorisierungsübungen im Sprachlabor ihren vollen Wert: als Lieferanten von Redemitteln für anschließende offene Übungen.

B 5   Durch Bilder/Bildsymbole gelenkte Äußerung

Zum Einüben von Realisationen einer oder mehrerer Sprechabsichten in stark gelenkter Weise eignen sich Reihen von Bildern oder Bildsymbolen. Im vorliegenden Beispiel handelt es sich um das Einschleifen von Redemitteln zur Sprechintention ,,ausdrücken, was man (nicht) kann/darf''. Der Lerner verbindet gedanklich jeweils eines der Bildsymbole in der Schautafel mit einer der danebenstehenden verbalen Umschreibungen und setzt diese dann in eines der vorgegebenen Äußerungsmuster ein.

Was sagen diese Bilder?

HIER KANN ICH	(NICHT)	.....
	(KEIN)	.....
HIER DARF ICH	(KEINE)	.....
	(KEINEN)	.....

fragen
Geld wechseln
Koffer abgeben

einen Gepäckträger rufen
Briefe einwerfen, Briefmarken kaufen
ein Auto mieten
Bus fahren
Fahrkarten kaufen

nicht rauchen
rauchen
ein Taxi nehmen
das Gepäck verzollen
den Platz freimachen (für Kranke)

die Heizung warm / kalt machen
den Ventilator einschalten / ausschalten
die Hände waschen
das Wasser nicht trinken
Flaschen hinauswerfen

etwas essen
Wasser anmachen
zum Speisewagen gehen
mich rasieren
den Lautsprecher laut / leise machen

die Tür nicht öffnen
Licht anmachen
telefonieren / anrufen
Papier wegwerfen
Flaschen / Dosen wegwerfen

Quelle: *Deutsch aktiv,* Lehrbuch 1, S. 83.

Diese Übung eignet sich auch zur Partnerarbeit – zum Einüben der Sprechintention(en) „um Auskunft bitten/Auskunft erteilen":

Partner A:								**Partner B:**
Was bedeutet dieses Zeichen Was heißt das			?	Hier	können dürfen	Sie	(nicht) (kein) (keine)	fragen. rauchen. telefonieren.
Können Sie Kannst du	mir	sagen, was das bedeutet			kannst darfst	du	(keinen)	....

Bestimmte linguistische Realisationen kognitiver Sprechabsichten können in Form von Einsetzübungen geübt werden. In diesem Beispiel wird geübt: ,,Berichten über etwas, das vor einiger Zeit geschehen ist/das man vor einiger Zeit getan hat.'' Die in die Textlücken vom Lerner (mündlich oder schriftlich) einzusetzenden Teile werden – je nach Lernfortschritt des Übenden – einsetzfertig oder (wie in diesem Beispiel) durch eine grafische Figur gestützt oder lediglich als Stichwörter der Übung beigegeben.

Ergänzen Sie

Beispiel: Vorige Woche sind wir in Rom gewesen.

Aufgabe: Vorige Woche sind wir in Rom . . . . . Wir haben den Flug um acht Uhr . . . . . Die Maschine hat bis Rom nur drei Stunden . . . . . Wir sind mit dem Bus in die Stadt . . . . . Dort sind wir . . . . . Wir sind dann in eine Boutique . . . . und haben Schuhe . . . . . Dann haben wir eine Pizza . . . . . und Wein . . . . . Danach sind wir ziemlich müde . . . . . Ich habe meiner Frau noch das alte Rom . . . . . Am nächsten Tag haben wir noch einen Anzug, ein Kleid, zwei Mäntel, zwei Hemden, fünf Krawatten und einen Koffer . . . . . Und was hat das alles . . . . .?

Quelle: *Deutsch aktiv*, Lehrbuch 1, S. 125.

ich habe	genommen	**Einsetzwörter:** nehmen, brauchen, kosten, zeigen, kaufen, essen, trinken
er sie hat es	gegessen getrunken ge	
wir haben	. . . .	
wir sind	gewesen ge	sein, fahren, aussteigen, gehen

Übungen von Typ B 6 eignen sich auch dazu, den Wortschatz des Lernenden zu erweitern oder neuerworbenen Wortschatz durch Verwendung in sinnvollen Satz- und Textzusammenhängen zu festigen.

Im vorliegenden Beispiel werden im ersten Teil der Übung Substantive, im zweiten Teil Verben, die im Zusammenhang mit dem eingeführten Thema (Probleme Jugendlicher in Satellitenstädten) neu aufgetreten sind, gezielt geübt.

```
Dieter Mücke war drei Jahre lang Christianes Lehrer im Fach _____
Ihm fiel auf, daß sie ein gutes _____ hatte. Der Lehrer Mücke
wußte, daß Christiane _____ nahm, aber er wußte nicht, wie er ihr
helfen sollte, weil er dem _____ hilflos gegenüberstand.

Wie Dieter Mücke verhalten sich viele Lehrer. Sie kennen wohl die _____
_____, aber sie wollen mit dem _____ nichts zu tun haben
und verdrängen es.

Ein echter _____ zwischen Lehrern und Schülern kommt nicht zustande. Das
liegt zum Teil an dem System der _____. Schüler und Lehrer
begegnen einander in immer wieder anders zusammengesetzten _____.
Der Lehrer ist nur noch _____ von Wissen. Für ein persönliches ____-
_____ zwischen Lehrer und Schüler fehlen _____ und _____.

Kinder wie Christiane _____ besonders unter diesem System. Andere Schüler
_____ durch verstärkte Aggressivität - feinsinnige Schüler können
sich meistens nicht _____.

Christiane wollte eigentlich Tiermedizin _____. Sie ist intelligent
genug, um das Abitur _____ zu können. Ihre Lehrer _____, daß sie
ihre Chance noch _____ wird.
```

Abschnitte 1 - 3:		Abschnitte 4 + 5
Arbeitslehre	Mammutschulen	bekommen
Atmosphäre	Problem	bestehen
Denkvermögen	Problematik	hoffen
Drogenproblem	Rauschgift	leiden
Gespräch	Vermittler	reagieren
Kontakt	Zeit	studieren
Lerngruppen		zurechtfinden

Quelle: *Baukasten „Zoo“*, Arbeitsbuch, S. 25.

Nach kursorischem Lesen oder nach akustischer Darbietung eines längeren Textes soll der Lernende versuchen, den Haupthandlungsstrang so genau, aber auch so knapp wie möglich wiederzugeben. Als Hilfe erhält er ein „Register", in dem die zu erstellende Kurzfassung sehr weitgehend vorstrukturiert ist. Der Übende hat im Grunde nichts weiter zu tun, als die vorgegebenen Teile wie ein Puzzle zu sinnvollen, vollständigen Sätzen zusammenzufügen.

Bei der vorliegenden Übung besteht das Endprodukt aus acht Sätzen mit insgesamt weniger als hundert Wörtern.

Christiane	war allein fand	 Freundin: Kessi	Nach der Schule oft
Kessi	war vernünftig		scheinbar
Christiane und Kessi	gingen		manchmal abends "Haus der Mitte" Jugendclub
Christianes Mutter	glaubte wußte nicht	Kessi in guten Händen daß Haschisch ge- raucht wurde	im evangelischen Jugendclub dort
Christiane	entwickelte sich trauerte nach	zu fröhlichem Teen- ager ihrer Schwester	scheinbar nicht mehr
Christiane und Kessi	waren ausgelassen und fröhlich	weil: Haschisch	oft
Mutter	wollte geben wollte vorleben wollte sein	gutes Beispiel Rechtschaffenheit und Strebsamkeit Vorbild	
Christiane	geriet		auf die schiefe Bahn

Quelle: *Baukasten „Zoo"*, Schülerbuch, S. 20.

Das Beispiel B 7.1 enthält fast keine Schwierigkeiten. Reproduktionsübungen dieser Art können natürlich auch schwieriger sein: man kann z. B. die Zahl der Stichwörter mehr oder weniger weitgehend reduzieren, die Verben können im Infinitiv aufgeführt, die Feinaufteilung der Stichwörter nach Satzteilen (senkrechte Spalten) kann teilweise oder ganz aufgegeben werden.

```
14. Geburtstag - Mutter - 50 Mark

Kurfürstenstraße - 40 Mark - zwei Viertel Heroin

Disko - Detlef - gratulieren

Toilette am Bülowbogen

Detlef - Druck - zuerst - danach Spritze verstopft

anderer Fixer - bitten - Besteck leihen

Fixer - helfen - Druck machen - das ganze Viertel H

Wirkung wie ein Hammer - danach Christiane total abgestumpft
```

Quelle: *Baukasten „Zoo"*, Schülerbuch, S. 29.

Es ist zweckmäßig, einer solchen Übung zur Textreproduktion eine A-Übung vorzuschalten, um sicher zu sein, daß keine Verständnisschwierigkeiten mehr bestehen, weil es sonst geschehen kann, daß die Reproduktionsübung mechanisch und von etwas erfahreneren Übenden mit gedankenloser Routine absolviert wird.

B 8   Textreproduktion: Stichwörter und Verknüpfungswörter

Diese Übung zeigt eine Weiterführung der Übungsform B 7. Die „Register"-Form ist reduziert auf zwei senkrechte Spalten: Die linke enthält die Stichwörter, die für die Rekonstruktion des Haupt-Handlungsstrangs benötigt werden; in der rechten stehen Verknüpfungswörter und aus mehreren Worten bestehende Verbindungsstücke. Bei Übungen des Typs B 7 wird der Übende der ihm gestellten Aufgabe völlig gerecht, wenn er einfache, kurze Hauptsätze bildet – hier bringen ihn die Verbindungsstücke und Verknüpfungswörter dazu, längere, komplexe Satzverbindungen und Satzgefüge zu erstellen.

Übungsziel ist die präzise, auf die Haupthandlung konzentrierte Wiedergabe eines längeren Textes in möglichst kurzer Form: Bei dem hier vorgegebenen Text handelt es sich um einen Bericht von etwa 900 bis 1000 Wörtern. Der erarbeitete Text besteht aus acht Sätzen oder Satzverbindungen bzw. Satzgefügen.

STICHWÖRTER	VERBINDUNGSSTÜCKE
... Christianes Freund ... anderes Mädchen	eines Samstags ...
... Detlef ... bemerken ... Christianes Kummer ... ... nachgehen ... ... trösten	als ... ... sofort ... ... um ... zu ...
Christane ... ihre Freunde ... einbrechen ... Geld stehlen	... im Europa-Center ... ... um ... zu ... ... Kassiererhäuschen ...
Christiane ... heimkommen ... Horrortrip ... völlig kaputt	... am Morgen ... ... mittags ...

... Christiane ... zu Hause bleiben
... nicht fernsehen ...
... nicht schlafen ...
... kein Dope ...
    ... merkte ...
    ... ohne Clique kein Leben
	folgende Samstagnacht ...
	
	... daß ...

... Christiane ... sich betäuben ... Tabletten ... ... Alkohol ... Angst verlieren	am Wochenende darauf ... ... um ... zu ...

... Christiane ... sich an einen Tisch setzen ...
    ... Kopf auf die Platte legen ...
    ... schlafen ...
	im "Sound"
	
	... die ganze Nacht

... Christiane ... aufwachen ... Detlef ... Haar streicheln ... ...sich erkundigen ...	als ...

Quelle: *Baukasten ,,Zoo"*, Arbeitsbuch, S. 7.

Diese Art der Reproduktionsübung eignet sich besonders für Texte, in deren Mittelpunkt das Aussehen, Verhalten und/oder Handeln von Personen stehen. Mit Hilfe von Stichwörtern faßt der Übende in konzentrierter Form zusammen, was im Ausgangstext über Persönlichkeitsmerkmale und Aktivitäten der Hauptpersonen ausgesagt wurde.

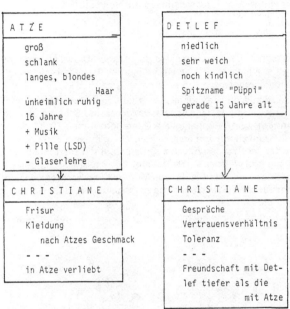

Quelle: *Baukasten „Zoo"*, Schülerbuch, S. 10.

Übungsziel ist die Zusammenfassung aller im Ausgangstext erscheinenden Informationen über Erscheinungsbild und Charakter der beiden Jugendlichen Atze und Detlef (+ = Vorliebe, − = Abneigung). Ferner wird die Art der Beziehung des Mädchens Christiane zu jedem der beiden Jungen zusammenfassend dargestellt.

Diese Form der Übung eignet sich auch für freiere, mehr produktive Übungsaufgaben (Phase C). In ähnlicher Form wie oben werden Informationen über Personen, die dem Übenden unbekannt sind, „steckbriefartig" aufgeführt. Übungsziel ist die (mündliche oder schriftliche) Persönlichkeitsbeschreibung.

Diese Lückentext-Übung gleicht im Übungsziel der Reproduktions-Übung B 6. Der
Übende soll durch Ausfüllen der Lücken sein Lese- oder Hörverstehen kontrollieren.
Der Unterschied zu B 6 ist, daß die in die Lücken einzusetzenden Teile nicht vorgegeben werden. Der Übende muß sie dem Ausgangstext entnehmen. Allerdings kann er
sie nicht wörtlich übernehmen, vielmehr muß er in die Lücken Realisationen der
kognitiven Sprechintention „Anweisungen erteilen" einfüllen.

Dieses Spiel eignet sich für langweilige Regentage. Man spielt es am besten, wenn
Vater und Mutter nicht zu Hause sind. Einer ist Arzt, die anderen sind Kranken-
schwestern und Pfleger.

Das Sofa in eurem Wohnzimmer ist der Patient. Er ist sehr krank, und ihr müßt ihn
sofort operieren. Holt aus der Küche alle Messer und Scheren, die ihr findet, und
Wäscheklammern zum Offenhalten der Operationswunde. Bevor der Arzt operiert,
müßt ihr den Kranken mit Jod bestreichen. Wenn ihr kein Jod findet, nehmt Senf.
Dann schneidet der Arzt den Bauch auf. Da habt ihr's! Da drinnen ist alles kaputt!
Zieht es heraus und werft es in die Toilette! Nun müßt ihr aber den Patienten neu
füllen. Nehmt dazu ein paar Kleider aus Mutters Kleiderschrank. Ihr könnt nun den
Bauch wieder zunähen. Wenn euch das zu lange dauert, klebt ein paar Handtücher
mit Leim über die Wunde!

Eure Eltern werden sich mit euch über die gelungene Operation freuen!

Zeichnung: Theo Scherling

Das Sofa in eurem Wohnzimmer ist der Patient. Er ist sehr krank, _____
ihn sofort! Ihr _____,
die ihr findet. _____auch Wäscheklammern zum
Offenhalten der Operationswunde. Bevor der Arzt operiert, _____
den Kranken mit Jod. Wenn ihr kein Jod findet, _____
ihr Senf _____. Dann schneidet der Arzt den Bauch auf.
Da habt ihr's! Da drinnen ist alles kaputt! Ihr _____ es _____
und in die Toilette _____.
_____ nun den Patienten neu. Dazu _____ ihr ein paar Kleider
aus Mutters Kleiderschrank _____.
_____ nun den Bauch wieder zu. Wenn euch das zu lange
dauert, _____ ihr ein paar Handtücher mit Leim über die Wunde
_____.

Quelle: Nach unveröffentlichten Arbeitsergebnissen von Lehrer-Arbeitsgruppen des Mavo-Projekts (DaF), Hoevelaken/Niederlande.

B 11.1   Textreproduktion: Flußdiagramm

Die präzise, lückenlose Reproduktion des Haupt-Handlungsstrangs oder des Gedankengangs eines Textes wird erleichtert durch ein Flußdiagramm. (Gleichzeitig fördert und verstärkt es das Üben und Einschleifen von Realisationen der Sprechintentionen „erzählen" und „berichten".) Die grafische Verbindung der Teile eines Flußdiagramms zu einem überschaubaren „fließenden" Ablauf, hält den Übenden an, wesentliche Fakten eines Handlungsablaufs oder einer Tatsachendarstellung in logischer Folge zu erzählen bzw. zu berichten.
Gleichzeitig macht die grafische Form des Flußdiagramms die Grundstruktur eines Textes sichtbar. Im Beispiel (Seite 88) wird deutlich, in welcher Beziehung einzeln agierende Personen bzw. Personengruppen zueinander stehen oder welche Querverbindungen zwischen ihnen sich im Verlaufe einer Kette von Handlungen ergeben.

B 11.2   Textreproduktion: Flußdiagramm

Die beiden Beispiele (Seite 89/90) der Übungsform Flußdiagramm zeigen deutlich die starke Anlehnung der Übung an den Ausgangstext. Bei der Durchführung der Übung ersteht die knapp gefaßte Zustandsschilderung des Textvorbildes neu. (Natürlich kann ein weiter fortgeschrittener Lerner auch freier mit dem Übungsdiagramm umgehen, er kann weitere Fakten nennen, Beispiele anführen – immer aber wird ihn die grafische Form der Übung in den „Fluß" der Darstellung zurückbringen.)
Im ersten Beispiel wird noch einmal die Struktur der Darstellung sichtbar. Vier Darstellungs-„Stränge", bestimmt durch die vier herangezogenen Altersgruppen, werden am Ende „vereinigt" durch eine für alle vier Gruppen gültige Aussage.

Beispiel zu B 11.1

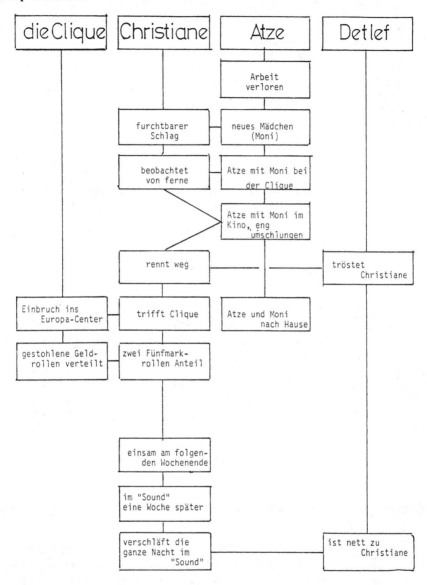

| die Clique | Christiane | Atze | Detlef |

Arbeit verloren

furchtbarer Schlag — neues Mädchen (Moni)

beobachtet von ferne — Atze mit Moni bei der Clique

Atze mit Moni im Kino, eng umschlungen

rennt weg — tröstet Christiane

Einbruch ins Europa-Center — trifft Clique — Atze und Moni nach Hause

gestohlene Geldrollen verteilt — zwei Fünfmarkrollen Anteil

einsam am folgenden Wochenende

im "Sound" eine Woche später

verschläft die ganze Nacht im "Sound" — ist nett zu Christiane

Quelle: *Baukasten ,,Zoo"*, Schülerbuch, S. 6.

Beispiel 1 zu B 11.2

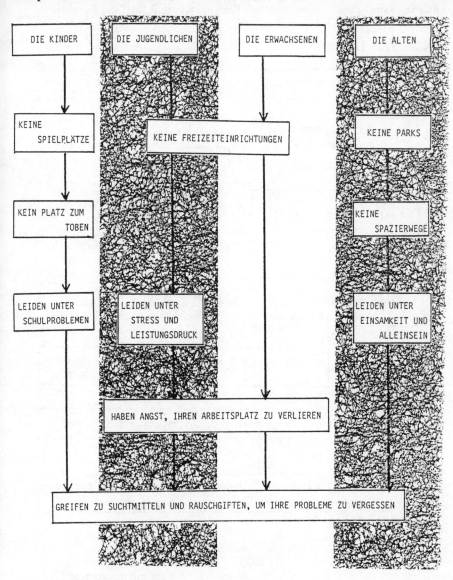

| DIE KINDER | DIE JUGENDLICHEN | DIE ERWACHSENEN | DIE ALTEN |

KEINE SPIELPLÄTZE

KEINE FREIZEITEINRICHTUNGEN

KEINE PARKS

KEIN PLATZ ZUM TOBEN

KEINE SPAZIERWEGE

LEIDEN UNTER SCHULPROBLEMEN

LEIDEN UNTER STRESS UND LEISTUNGSDRUCK

LEIDEN UNTER EINSAMKEIT UND ALLEINSEIN

HABEN ANGST, IHREN ARBEITSPLATZ ZU VERLIEREN

GREIFEN ZU SUCHTMITTELN UND RAUSCHGIFTEN, UM IHRE PROBLEME ZU VERGESSEN

Quelle: *Baukasten „Zoo"*, Schülerbuch, S. 14.

Im zweiten Beispiel wird die ,,Entfaltung" der Problematik erkennbar. Die Darstellung der Konsequenzen führt dann zum Endpunkt, zur ,,Pointe" des Berichts.

Beispiel 2 zu B 11.2

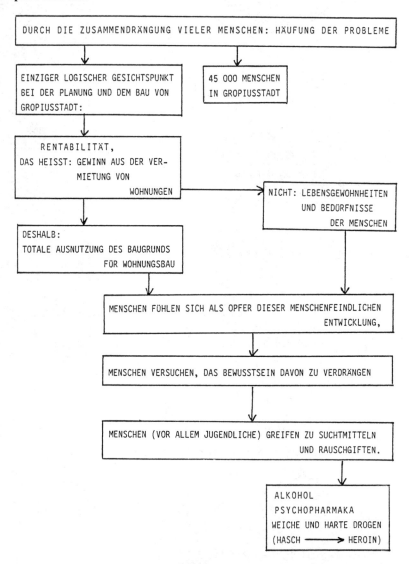

Quelle: *Baukasten ,,Zoo"*, Schülerbuch, S. 15.

Ausgehend von einer Textvorgabe werden in Hauptsätzen oder Satzgefügen Aussagen über im Text erscheinende Personen gemacht. Der Übende soll durch Hinzufügung von Nebensätzen mit „weil" oder von Hauptsätzen, die durch „denn", „darum", „daher" oder „deshalb" angeschlossen werden, einen Kausalzusammenhang herstellen. Die Informationen dazu entnimmt er dem Ausgangstext.

Ute F. gab nicht sehr sorgsam auf ihre Tochter acht,		
Sie wollte keinen Zwang auf Christiane ausüben,		
Sie ließ sich scheiden und suchte sich eine eigene Wohnung,	weil	
Sie wurde berufstätig und arbeitete schwer,		
Sie war glücklich und froh,		

Ute F. heiratete, als sie 18 Jahre alt war,		
Ihre Ehe war ein totaler Mißerfolg,		
Ute F. ließ ihrer Tochter Christiane manches durchgehen,	denn	
Sie erfüllte ihren Kindern manchen Extrawunsch,		
Sie ließ ihre jüngere Tochter zum Vater zurückgehen,		

Kessi, Christianes Schulfreundin, machte einen sehr vernünftigen Eindruck,		
Ute F. glaubte, ihre Tochter sei im Evangelischen Jugendclub in guten Händen,	darum	
Christiane schien sich zu einem fröhlichen Teenager zu entwickeln,	daher	
Christiane und Kessi hatten angefangen, Hasch zu nehmen,	deshalb	
Als Ute F. ein junges Mädchen war, wurden ihr alle Vergnügungen verboten,		

Quelle: *Baukasten „Zoo"*, Arbeitsbuch, S. 18.

Bei dieser Übungsform handelt es sich um einen Lückendialog (Gespräch, Interview, Frage- und Antwortspiel), in dem die Rolle des einen Gesprächspartners gänzlich vorgegeben wird. Die Rolle des anderen Partners (sie enthält größere oder kleinere Lücken) wird vom Übenden übernommen. Er soll die Lücken (mündlich oder schriftlich) mit Sprache füllen. Dabei wird er so weitgehend gelenkt, daß er nur Redemittel der zu übenden Sprechintention verwenden kann. Im hier vorliegenden Beispiel ist es die Sprechintention „etwas begründen".

Interviewer: Frau F., glauben Sie, daß Sie sich genügend um Ihre Tochter Christiane
gekümmert haben?

Ute F.: Nein, ich glaube, das habe ich nicht. Ich habe Christiane oft ihre eigenen
Wege gehen lassen, weil _____

_____

Int.: War das allein der Grund dafür, daß Sie Christiane so viel Freiheit gelassen haben?

Ute F.: Sicherlich nicht. Ich habe als junges Mädchen mit meinem strengen Vater
schlimme Erfahrungen gemacht, darum _____

_____

Int.: Konnte Ihr Mann Ihnen denn nicht bei der Erziehung Ihrer Tochter helfen?

Ute F.: Mit meinem Mann konnte ich nicht rechnen, denn _____

_____

Ich ließ mich 1973 scheiden, weil _____

_____

Int.: Dann sind Sie sicher auch von Ihrem Mann fortgezogen.

Ute F.: Ja, ich fand eine Wohnung, die allerdings sehr teuer war, aber ich nahm
sie schließlich, weil _____

_____ _____ ,

und ich habe hart gearbeitet, weil _____

_____

Int.: Aber Sie haben doch nicht verhindern können, daß Christiane auf die schiefe
Bahn kam?

Ute F.: Nein, das habe ich nicht. Ich hatte ja immer sehr wenig Zeit, denn _____

_____

Ich hatte für Christianes Probleme keinen Blick, daher _____

_____

Int.: Haben Sie Christiane gar nicht angemerkt, daß sie Probleme hatte?

Ute F.: Nun, Christiane erschien mir immer als ein ausgelassener und fröhlicher
Teenager, deshalb _____

_____

Ich bildete mir ein, ihr Vorbild zu sein, weil _____

_____

Quelle: *Baukasten „Zoo"*, Arbeitsbuch, S. 19.

Zuordnungsübungen in der B-Phase sind im Grunde anspruchsvollere Varianten der einfachen Zuordnungsübungen in der A-Phase. Sie eignen sich besonders zur (Selbst- oder Partner-)Kontrolle von Hör- bzw. Leseverstehen. Im folgenden Beispiel sollen Redemittel einer Anzahl von bildlich dargestellten Personen, die sich in einer Gesprächssituation befinden, zugeordnet werden.

Quelle: *Deutsch aktiv*, Lehrbuch 1, S. 85.

In Varianten dieser Übungsform eignen sich auch andere Faktoren als Zuordnungspaare, z. B. Fakten → Personen, Situationen → Personen, Redemittel → Sprechabsichten, Redemittel → Sprachregister.

B 15   Dialogvariation

Eine schier unbegrenzte Anzahl von Variationen eines Dialogs zur Einübung einer bestimmten Sprechabsicht wird auf mehrfache Weise vorstrukturiert, gelenkt und mit Inhalt (Fakten) versorgt. Eine Situation wird bildlich vorgegeben (Sprechpartner mit Sprechblasen), ein Dialogmuster liefert das Übungsvorbild, und authentische Textsorten versorgen den Übenden mit Material für die zu bildenden Dialoge.

Das folgende Beispiel zeigt Dialogvariationen zum Einüben von Realisationen der Sprechabsichten ,,Uhrzeit/Zeitpunkt/Zeitdauer erfragen/nennen". Ein grafisch realisiertes Dialog- und Situationsmuster bildet die Einleitung zu verschiedenen Dialogsituationen, die durch authentische Textsorten gestützt werden (Abflugtafel am Flughafen, Kalendarium, Eisenbahnfahrpläne).

Quelle: *Deutsch aktiv*, Lehrbuch 1, S. 50.

Variation 1

A ○ Wann fahren Sie in Urlaub?
● Am Dienstag.
○ Am Dienstag, dem zweiten Oktober?
● Nein, am neunten Oktober!

Montag	Dienstag	Mittwoch	Donnerstag	Freitag	Samstag	Sonntag

B ○ Wann kommst du?
● Nächsten Freitag. / Freitag nächste Woche.
○ Ist das Freitag, der . . . . . Oktober?
● Nein, der . . . . . / Ja, der . . . . .

C ○ Treffen wir uns am Donnerstag, dem . . . . . !
● Um wieviel Uhr?
○ 10 Uhr 30.
● Lieber am Nachmittag!
○ 14 Uhr?
● O. K.

Morgen 7.30	Vormittag 10.30	Mittag 12.00	Nachmittag 14.00	Abend 18.15

OKTOBER

	Wo	
1 Mo	40	
2 Di		
3 Mi		
4 Do		
5 Fr		○
6 Sa		
7 So		
8 Mo	41	
9 Di		
10 Mi		
11 Do		
12 Fr		☾
13 Sa		
14 So		
15 Mo	42	
16 Di		
17 Mi		
18 Do		
19 Fr		
20 Sa		
21 So		●
22 Mo	43	
23 Di		
24 Mi		
25 Do		
26 Fr		
27 Sa		
28 So		☽
29 Mo	44	
30 Di		
31 Mi		

Quelle: *Deutsch aktiv*, Lehrbuch 1, S. 55.

Variation 2

○ Ich will nach Köln.
● Wann wollen Sie fahren?
○ Morgen nachmittag.
● Sie können den Zug um 14.30 Uhr nehmen. Dann sind Sie um 15.36 Uhr in Köln.
○ Vielen Dank

Ü 4

○ Ich will nach München.
● Wann wollen Sie fahren?
○ Morgen vormittag.
● Da können Sie um 8.30 Uhr fahren.
○ Muß ich da umsteigen?
● Ja, in Karlsruhe. Sie sind um 9.10 Uhr in Karlsruhe. Sie fahren um 9.18 Uhr weiter und sind dann um 13.35 Uhr in München.

DB Reiseverbindun
Connections
Horaires des re

Reisetag/Wochentag date/day date/jours	▶	
Station ▼		Uhr time heure
Essen	ab dep	14.30
Köln	an arr	15.36
	ab	

Horaires des reia

Reisetag/Wochentag date/day date/jours	▶	
Station ▼		Uhr time heure
Baden-Baden	ab dep	8.30
Karlsruhe	an arr	9.10
"	ab dep	9.18
München	an arr	13.35
	ab dep	

| Stuttgart | ab: 12.05 | Bonn | ab: 13.35 |
| Aalen | an: 13.10 | Köln | an: 15.10 |

| Reutlingen | ab: 14.15 | Münster | ab: 15.05 |
| Stuttgart | an: 15.46 | Bremen | an: 19.10 |

| Frankfurt: | ab: 12.50 | Trier | ab: 16.20 |
| München | an: 18.44 | Koblenz | an: 18.26 |

Bonn	ab: 8.25	Baden-B.	ab: 8.30
Dortmund	an: 10.04	Karlsruhe	an: 9.10
Dortmund	ab: 10.15	Karlsruhe	ab: 9.25
Kassel	ab: 12.44	München	an: 13.55

Köln	ab: 9.11	Stuttgart	ab: 10.05
Dortmund	an: 10.05	Heidelberg	an: 12.08
Dortmund	ab: 10.38	Heidelberg	ab: 12.26
Hannover	an: 14.22	Mainz	an: 15.04

Hamburg	ab: 8.44	München	ab: 9.36
Hannover	an: 10.15	Stuttgart	an: 11.05
Hannover	ab: 10.24	Stuttgart	ab: 11.32
Göttingen	an: 12.55	Heilbronn	an: 13.04

Quelle: *Deutsch aktiv*, Lehrbuch 1, S. 84.

Variation 3

○ Ich muß morgen früh nach . . . . .
Wann kann ich fahren?
● Um . . . . . Sie sind dann um . . . . . in . . . . .

○ Herr Bauer muß µm . . . . . in . . . . . sein.
Wann kann er fahren?
● Um . . . . . oder . . . . . und . . . . .

○ Wann wollt ihr nach . . . . . fahren?
● Morgen. . . . .
○ Da könnt ihr den Zug um . . . . . nehmen.
Der ist um . . . . . in . . . . .

○ Herr und Frau Okahara sind in . . . . . Sie
wollen nach . . . . . Welchen Zug können
sie nehmen?
● Den um . . . . .

○ Wir müssen um . . . . . in . . . . . sein. Und
ihr?
● Wir haben noch etwas Zeit.
Wir können auch den Zug um . . . . .
nehmen.

Quelle: *Deutsch aktiv*, Lehrbuch 1, S. 84.

Abfahrt			8:00	München Hbf			
Zeit	Zug-Nr.	in Richtung		T=Tunnel-bahnhof	Gl.	Zeit	Zug-Nr.
X 8.03	✪ 8819	Baierbrunn 8.35			6	9.00	E 3403
8.06	D 291	„AKROPOLIS" platzkartenpflichtig und nur für Reisende nach Jugo- slawien und Griechenland zugelassen Belgrad 22.46 – Skopje 7.25 – Thessaloniki 13.42 – Athen 22.12			12	9.03	D 5
8.12	D 1281	Rosenheim 8.52 – Kufstein 9.16 – Innsbruck 10.24 – Brenner – Bozen 13.55 (–⟶Meran) – 28. VI. bis 7. IX. – Verona (28. VI. bis 7. IX. –⟶ Venedig)			18	9.04	✪
						9.06	D
8.13 Sa,†	E 3531	Holzkirchen 8.42 – Schliersee 9.07 – Bayrisch- zell 9.40			3		
8.14 Sa,†	6669	Pasing ab 8.22 – Tutzing 8.46 – Kochel 9.28			30	9.08	D
8.19	▰ 182	„HERMES" Augsburg 8.49 – Nürnberg 9.59 – Würzburg 11.01 – Bebra – Hannover (– Hamburg) – Bremen 15.51			16	9.12	E 3
8.20	▱ 1481	Rosenheim 9.00 – Kufstein 9.24 – Wörgl – Innsbruck 10.35 – Brenner – Bozen 14.32 – Verona – Rimini 20.02 (– ⟶ Cervia 21.10) – Riccione 20.18 – Cattolica 20.26 – Senegallia 21.08 – Ancona 21.33			11	9.12 Sa,†	✪
						9.17	✪
8.26	✪ 4	Geltendorf 9.08 (–Buchloe 9.47– Füssen 11.14)		T		9.22	D
8.27	D. 626	Ingolstadt 9.14 – Nürnberg 10.32 – Würzburg 11.46 – Frankfurt – Wiesbaden – Bonn – Köln – Düsseldorf – Essen – Gelsenkirchen – Dort- mund 18.16			23		
						9.26	D
8.32	D 296	„MOSTAR-EXPRESS" Augsburg 9.10 – Ulm 10.08 – Stuttgart 11.14			15	9.29	D
8.32	✪ 6	Tutzing 9.17 (– Kochel 9.57)		T			
8.33	✪ 8821	Wolfratshausen 9.26			6	9.30	E 36
8.38	✪ 8619	Holzkirchen 9.16			5		
8.41	▰ 122	„NYMPHENBURG" Würzburg 11.04 – Frankfurt – Wiesbaden – Koblenz – Bonn – Köln – Wuppertal – Dortmund Hannover 17.53			25	9.33	✪ 8
						9.35	D

96

Stufe C

Entwicklung von Mitteilungsfähigkeit – sprachliche Ausgestaltung vorgegebener Situationen/Rollen/Verständigungsanlässe in Übungen mit reproduktiv-produktivem Charakter

In den Übungen der Stufe B reagiert der Übende – reproduktiv – auf die eingeführten Texte. Sein Sprachverhalten ist stark gesteuert, die Realisationen von Sprechintentionen (Redemittel), die Gegenstand einer Übung sind, werden vorgegeben. Die Ausdrucksmöglichkeiten des Lernenden sind sehr begrenzt, kommunikatives sprachliches Handeln wird nur simuliert (in simulierten Situationen).

In der nun folgenden Stufe bewegt sich der Übende zwar immer noch in simulierten Situationen, aber er setzt die ihm zur Verfügung stehenden sprachlichen Mittel stärker produktiv ein. Die Übungen, mit denen er arbeitet, lenken ihn nun weniger stark, sind zum Teil ganz offen oder lassen ihm doch eine gewisse Wahl- und Entscheidungsfreiheit, außerdem wird dort, wo es möglich ist, ein Transfer auf dem Lerner zugängliche Situationen vollzogen.

Zu weniger stark gelenktem Gebrauch sprachlicher Mittel und zur Vorbereitung auf die freie, spontane Anwendung von Sprache in einer Realsituation (z. B. in einem Streitgespräch oder in einer direkten – schriftlichen oder mündlichen – sprachlichen Reaktion auf irgendeine Textsorte) gehört, daß der Lerner
1. Arbeitstechniken beherrscht, die ihn befähigen, einem Text Informationen (unter jeweils bestimmten Gesichtspunkten) zu entnehmen, diese – zunächst nach einem vorgegebenem, später nach einem selbst erstellten Raster – zu ordnen und sie schließlich zur geordneten, sinnvoll gegliederten Informationsweitergabe zu benutzen (Notizen aufnehmen/sammeln);
2. in der Lage ist, seine eigene Meinung zu einem zur Diskussion stehenden Problem zu formulieren und sich Argumentationshilfen für die freie Äußerung in der Phase D (schriftlich, in Notizenform) selbst zu fertigen (Notizen selbst erstellen).

Der „normale" Verlauf einer Übungskette ist also:

Text → A (Verstehen)
→ B (Üben, reproduktiv)
→ C (Üben, reproduktiv/produktiv)
→ D (Anwenden).

Für fortgeschrittene Lerner kann der Übungsablauf in den vier Stufen allerdings auch anders aussehen, und zwar beim Einüben der Realisationen kognitiver Sprechintentionen. In einem Stück „realer Sprache" (in einem authentischen Text) begegnen dem Lernenden Redemittel kognitiver Sprechintentionen; diese werden in der Technik des „Notizen-Sammelns" aus dem Text gezogen, aktiviert und in entsprechenden Übungen eingeschliffen. Ein solcher Übungsablauf in Stufen sähe also folgendermaßen aus:

Text → A (Verstehen)
→ C (Arbeitstechnik: Notizen sammeln)
→ B (Üben reproduktiv)
→ C (Üben reproduktiv/produktiv)
→ D (Anwendung/kommunikative Aufgabe).

Diese Art von Übungsablauf dient also der Wiederholung von Redemitteln kognitiver Sprechintentionen (wenn man so will, von „Grammatik").

C 1.1   Offener Dialog 1

In dieser relativ offenen Art der Übung übernimmt der Lernende als Partner in einem Dialog eine Rolle aus seinem eigenen Erfahrungsbereich. Die voll ausgeführten Äußerungen des Dialogpartners bewirken zwar eine starke Lenkung der einzusetzenden Äußerungen des Lerners, doch dieser hat immerhin die Möglichkeit, seine Antworten zu variieren: Er ist nicht auf die Verwendung eines bestimmten Redemittels festgelegt und hat auch in der inhaltlichen Gestaltung seiner Äußerungen gewisse Freiheiten der Wahl.
Zur Erleichterung der Aufgabe können (Satzschalt-)Tafeln mit Redemittelangeboten (vgl. B 1) oder Wortfelder vorgegeben werden.

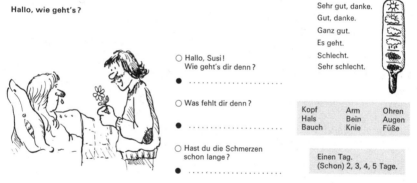

Quelle: *Deutsch aktiv*, Lehrbuch 1, S. 36.

Gegenstand des obigen Übungsbeispiels sind die Sprechintentionen „sich nach dem Gesundheitszustand eines anderen erkundigen/Fragen nach dem Gesundheitszustand beantworten". Der Übende füllt die Rolle des Antwortenden aus. Ihm helfen dabei in Tabellen aufgeführte Redemittel, deren Wertigkeit z. T. durch Bildsymbole verdeutlicht wird.

Das folgende Beispiel zeigt eine noch freiere Form des Offenen Dialogs 1. Die kommunikative Situation ist ein Verkaufsgespräch. Der Übende übernimmt die Rolle des Kunden. Ihm stehen nun keine Tabellen mit Redemitteln mehr zur Verfügung. Er muß lediglich auf die Impulse, die von dem Rollenpartner gegeben werden, reagieren. Mit welchen Realisationen der von Fall zu Fall zutreffenden Sprechabsichten er reagiert, ist ihm überlassen. Er muß allerdings den weiteren Verlauf des Verkaufsdialogs im Auge behalten und darauf achten, daß seine Äußerungen in den weiteren Fluß des Dialogs passen.

Verkäufer(in): Kann ich helfen?

Du: ....

V: Welche Größe?

Du: ....

V.:   Und in welcher Farbe?

Du: ....

V.:   Für Sie habe ich etwas Spezielles.
      Augenblick!

V.:   Was sagen Sie dazu?

Du: ....

V.:   Probieren Sie es mal an.

Du: ....

V.:   Die Kabine finden Sie da drüben.

Du: ....

V.:   Es steht Ihnen sehr gut.

Du: ....

V.:   Dieser kostet DM 79,–.

Du: ....

V.:   Aber dafür bekommen Sie auch einen guten Stoff!

Du: ....

V.:   Das hier ist reine Schurwolle.

Du: ....

V.:   Tja, ich kann auch nichts dafür. Die billigeren waren gestern schon ausverkauft.

Du: ....

V.:   Tut mir leid. In dieser Größe haben wir nur noch etwas aus Schurwolle.

Du: ....

V.:   Wie Sie wollen. Vielleicht haben Sie dann mehr Glück.

Du: ....

V.:   Wiedersehen!

Du: ....

Nach unveröffentlichten Arbeitsergebnissen von Lehrer-Arbeitsgruppen des Mavo-Projekts (DaF), Hoevelaken/Niederlande.

Im Gegensatz zur Satzschalttafel (B 1) enthält die Substitutionstafel Lücken, die vom
Übenden variierend ausgefüllt werden müssen. Es wird oft nicht nur die Ergänzung
von Redemitteln, sondern auch die inhaltliche, ja situative Auffüllung der Leerstellen
vom Lerner erwartet.

Kinder		....
	haben keine	....
Jugendliche		....
Erwachsene		....
	vermissen	....
Alte Leute		

Kinder		....
Jugendliche		....
	leiden unter	....
Erwachsene		....
Alte Leute		....

Viele Ein-		....
wohner von	verdrängen	....
Gropiusstadt,	ihre Probleme	....
vor allem	durch	....
Jugendliche		....

Quelle: *Baukasten „Zoo"*, Arbeitsbuch, S. 14.

Diese Übungsform ist eine Fortführung des Übungstyps B 11 (Flußdiagramm). Hier werden die Teile des Diagramms jedoch nicht dazu benutzt, den lückenlosen, fließenden Ablauf einer Erzählung oder eines Berichts vorzustrukturieren – hier soll der Lernende die Struktur eines Textes und die logische Abfolge der Gedanken erkennen und durchschauen. Er muß unter mehreren Flußdiagrammen das erkennen, welches die Struktur des gegebenen Textes grafisch darstellt.

Alles, was den allgemeinen Gesundheitszustand beeinträchtigt, verringert auch die Widerstandsfähigkeit gegenüber Krankheiten, besonders gegenüber der Tuberkulose (TB). Zu enge Wohnverhältnisse, der Mangel an Sonne und frischer Luft, falsche oder ungenügende Ernährung – all das macht den Körper anfälliger gegen Ansteckung. Aber der Haupt-Verursacher einer TB-Infektion ist der Speichel (das Sputum) von Kranken mit offener TB. Dieses Sputum enthält die Erreger der Krankheit. Sie werden mit der Atemluft oder mit der Nahrung bzw. dem Trinkwasser aufgenommen – aus diesem Grunde begünstigen z. B. enge Wohnverhältnisse die Ausbreitung einer Infektion. Obwohl TB an sich nicht vererbbar ist, sind Menschen, deren Eltern TB hatten, empfindlicher gegenüber TB-Erregern, weil sie die Anfälligkeit gegenüber der Krankheit geerbt haben.

Schau die folgenden drei Diagramme genau an und finde heraus, welches am besten zum Text paßt. Kreuze die Nummer des Diagramms an, das nach Deiner Meinung das passende ist.

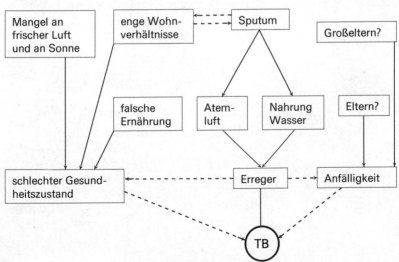

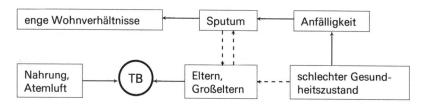

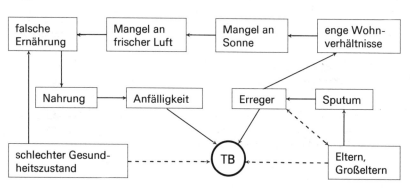

Quelle: Nach Jonathan Leather, *Theme Schemes,* unveröffentlichtes Manuskript, University of Lancaster.

Ein Flußdiagramm, das in grafischer Form die Struktur eines Textes wiedergibt, kann (mehr oder weniger stark) die (Re-)Produktion eines Textes steuern. Es enthält Stichwörter (in größerer oder geringerer Zahl) und Platz für das Einsetzen weiterer Wörter, die der Lernende dem Ausgangstext entnimmt. Das voll ausgefüllte Flußdiagramm dient dann der (mündlichen oder schriftlichen) Erstellung eines dem Ausgangstext ähnlichen Textes.

Larry entdeckte als erster, daß Quasimodo eine musikalische Taube war. Quasimodo liebte nicht nur Musik, er schien auch zwei verschiedene musikalische Formen unterscheiden zu können, den Walzer und den Militärmarsch. Bei „gewöhnlicher" Musik pflegte er so nah wie möglich an den Plattenspieler heranzugehen, dann saß er mit halbgeschlossenen Augen da und gurrte leise. Aber bei einem Walzer bewegte er sich immer rund um das Gerät, sich verbeugend und drehend, wobei er fortwährend kräftig gurrte. Wenn ein Marsch ertönte – besonders, wenn es ein Marsch von Sousa war – stapfte er mit geschwellter Brust im Zimmer auf und ab, und sein Gurren wurde dabei so stark, daß man, wenn man ihn so hörte, glauben konnte, er erwürge sich selbst.

Setze weitere Stichwörter in die Felder des Diagramms ein und erzähle dann die Geschichte der Taube Quasimodo.

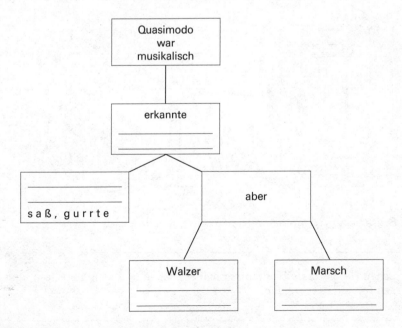

Der erste Teil dieser Übung ist eine Weiterführung von C 3.2. Der Lernende trägt in ein vorgegebenes Flußdiagramm-Schema Stichwörter ein, die er dem Ausgangstext entnimmt. Dann erstellt er einen Text, der eine thematische Variation des Ausgangstextes ist, diesem aber im logischen Aufbau und in der Struktur gleicht. (Der Ausgangstext im folgenden Beispiel beschäftigt sich mit ,,schlechten Hausbriefkästen" – der Lernende soll nun über ,,gute Briefkästen" schreiben.)

Im zweiten Teil der Übung erfolgt ein thematischer Transfer. Der Lernende benutzt nun das Flußdiagramm-Schema des vorangegangenen Übungsteils, um sich über ein verwandtes Thema zu äußern. (Ging es vorher um Hausbriefkästen, so soll der nun zu erstellende Text sich mit dem Telefon beschäftigen.)

Wenn der Briefkasten zu klein ist, muß der Briefträger erst bei Ihnen klingeln, um Ihre Post abliefern zu können. Das kostet Zeit. Ebenso zeitraubend kann die falsche Anbringung des Briefkasten sein: wenn er z. B. zu hoch oder zu niedrig angebracht ist oder wenn er an verborgener Stelle hängt.

Hier ist ein leeres Diagramm zu dem obigen Text über ,,schlechte Briefkästen". Setze passende Stichwörter ein.

Zeichnung: Theo Scherling

Schreibe nun zwei oder drei Sätze über ,,gute Briefkästen".

_____

Schau Dir das leere Diagramm noch einmal an und benutze es, um über das Telefon zu schreiben.

_____

Quelle: s. C 3.1.

Der Lernende hat, ausgehend von einem Text, der Spielanleitungen enthält, eine B-Übung gemacht: Er hat den Ausgangstext mit Hilfe eines Lückentexts reproduziert und beim Ausfüllen der Lücken Realisationen der Sprechintention „Anleitungen geben/Anweisungen erteilen" benutzt (vgl. Übung B 10).

Nun soll er selbst den Text einer Anleitung zu einem Spiel erstellen, dessen Inhalt ihm fremd ist. Als Konstruktionshilfe und inhaltliche Vorgabe erhält er ein zweispaltiges „Register" mit Stichwörtern und Satz- bzw. Wortverbindungsstücken, außerdem eine Illustration, die den (grotesken) Effekt des (absurden) Spiels verdeutlicht.

Übungsziel ist auch hier – neben der Texterstellung – die richtige Verwendung von Realisationen der Sprechintention „Anleitungen geben".

Du brauchst Benzin für Dein Mofa.	
selbst nach Öl bohren	
Preßluftbohrer, Spaten und Eimer holen	
den Zementboden im Keller aufbrechen	mit dem Preßluftbohrer
die Zementbrocken hinauftragen	im Eimer – und
kippen	in den Garten des Nachbarn
etwa drei Meter tief graben	mit dem Spaten
die Erde hochtragen	und auch
schütten	in Nachbars Garten
an einer anderen Stelle versuchen	wenn nach 3 bis 4 Metern noch immer kein Erdöl kommt
graben	im Vorgarten – Rosenbeet
Dein Vater ist bestimmt sehr stolz auf Dich, wenn Du Öl gefunden hast!	

Nach unveröffentlichten Arbeitsergebnissen von Lehrer-Arbeitsgruppen des Mavo-Projekts (DaF), Hoevelaken/Niederlande. Zeichnung: Theo Scherling.

Auch in dieser Art von Übung erstellt der Lerner einen Text, dessen Handlungsablauf ihm neu ist. Er kennt aber aus bereits bearbeiteten Texten und Übungen den thematischen Rahmen und hat ein gewisses inhaltliches Vorwissen (z. B. Milieu, Personen, Schauplätze, vorangegangenes Geschehen). Konstruktionshilfe erhält er wieder durch ein zweispaltiges „Register" mit Stichworten und Verbindungsstücken.

STICHWORTE	VERBINDUNGSSTÜCKE
Christiane - kommt in das 'Sound' Detlef - treffen	an einem Freitagabend um ... zu
Detlef - mit abgetakelter Braut - beachtet Christiane kaum	an einem Tisch
Christiane denkt: wie mit Atze die 'Braut' zu abgewrackt	zuerst aber:

Christiane merkt: es geht um Heroin
          Detlef will H von der 'Braut'
          sie will Detlef H andrehen
	plötzlich
	oder

Christiane schreit: Heroin ist Schluß	wenn dann
Christiane erfährt Detlef - Heroin gedrückt	zwei, drei Stunden später daß
Detlef - andere Freundin (Angi)	bald

Angi: häßlich
        unsensibel
        Fixerin
	aber auch

Detlef - zu Christiane Geld für H zusammenbetteln	nur noch manchmal um ... zu

Quelle: *Baukasten „Zoo"*, Arbeitsbuch, S. 11.

Eine Textsorte mit bestimmten formalen Merkmalen wird als Muster vorgegeben (im Beispiel: ein Lebenslauf). Der Übende benutzt das Muster als strukturierende, formale Vorlage, die gleichzeitig die benötigten Redemittel (vor allem Wortschatz) liefert, bei der Erstellung seines eigenen Lebenslaufs.

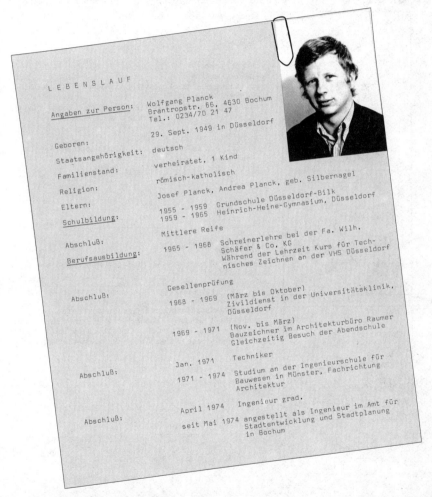

LEBENSLAUF

Angaben zur Person:	Wolfgang Planck Brantropstr. 66, 4630 Bochum Tel.: 0234/70 21 47
Geboren:	29. Sept. 1949 in Düsseldorf
Staatsangehörigkeit:	deutsch
Familienstand:	verheiratet, 1 Kind
Religion:	römisch-katholisch
Eltern:	Josef Planck, Andrea Planck, geb. Silbernagel
Schulbildung:	1955 - 1959 Grundschule Düsseldorf-Bilk 1959 - 1965 Heinrich-Heine-Gymnasium, Düsseldorf
Abschluß:	Mittlere Reife
Berufsausbildung:	1965 - 1968 Schreinerlehre bei der Fa. Wilh. Schäfer & Co, KG Während der Lehrzeit Kurs für Technisches Zeichnen an der VHS Düsseldorf
Abschluß:	Gesellenprüfung 1968 - 1969 (März bis Oktober) Zivildienst in der Universitätsklinik, Düsseldorf 1969 - 1971 (Nov. bis März) Bauzeichner im Architekturbüro Raumer Gleichzeitig Besuch der Abendschule
Abschluß:	Jan. 1971 Techniker 1971 - 1974 Studium an der Ingenieurschule für Bauwesen in Münster, Fachrichtung Architektur
Abschluß:	April 1974 Ingenieur grad. seit Mai 1974 angestellt als Ingenieur im Amt für Stadtentwicklung und Stadtplanung in Bochum

— **Schreiben Sie Ihren Lebenslauf!**

Quelle: *Deutsch aktiv,* Lehrbuch 1, S. 96.

Aus einem Text, der mit Illustrationen (zwecks Verdeutlichung des Situationsrahmens) versehen ist, werden Informationen durch grafische Markierung hervorgehoben und in eine (ungeordnete) Sammlung von Redemitteln umgewandelt. Aufgabe des Übenden ist, mit Hilfe der vorgegebenen Redemittel einen – dem durch die Illustrationen verdeutlichten Situationsrahmen angepaßten – Dialog zu erstellen.

Rocko

Das ist Rocko.
Rocko ist ein U. L.
Ein U. L. ist ein "unbekanntes Lebewesen".
Auch ein U. L. hat Durst.
Aber ein U. L. trinkt kein Bier und keinen Wein, keinen Tee und keinen Kaffee, keine Milch und keinen Sprudel.
Ein U. L. trinkt Ö. L. (Öl!)
Und Hunger hat ein U. L. auch.
Aber ein U. L. ißt kein Brot, keine Wurst und keinen Käse, keine Suppe und keine Pommes Frites.
Ein U. L. frißt M. M. (Metall und Mineralien!)

Rocko hat Hunger.
Er möchte:
ein Glas Tee, eine Tasse Kaffee, eine Dose Cola und eine Flasche Wein.
Aber Rocko ist ein U. L.!
Und ein U. L. trinkt nur Ö. L.!

Rocko trinkt auch kein Glas Tee, er frißt ein Teeglas!
Und er trinkt auch keine Tasse Kaffee, er frißt eine Kaffeetasse!
Und er trinkt keine Dose Cola, er frißt eine Coladose!
Und er trinkt keine Flasche Wein, er frißt eine Weinflasche!

Quelle: *Deutsch aktiv*, Lehrbuch 1, S. 27.

Diese Übungsaufgabe dient der Erstellung eines erzählenden Textes unter häufiger Verwendung von Realisationen der temporalen kognitiven Sprechintention „erzählen, was man/jemand vor kurzem gemacht hat". (Der Übende kann nicht nur berichten, was Irene Bauer in der vergangenen Woche gemacht hat – er kann auch Irenes Rolle übernehmen und in der Ich-Form erzählen.)

Was hat Irene Bauer diese Woche gemacht?

Quelle: *Deutsch aktiv*, Lehrbuch 1, S. 116.

Die Übung geht aus von einem Brief (bzw. mehreren Briefen – im folgenden Beispiel von Einladungsschreiben). Die Aufgabe des Übenden ist es, den Brief (die Briefe) zu beantworten.

Inhaltliche Information wird (mit Hilfe von Stichwörtern) vorgegeben.

Die Einladung

a)
Liebe Elke,
am Freitag, dem 14. September wollen wir den dreißigsten Geburtstag von Peter feiern. Dazu möchten wir Dich herzlich einladen. Wir wollen um sechs Uhr beginnen. Kannst Du mit der Bahn kommen? Dann können wir mehr trinken. Du kannst auch bei uns übernachten, wenn Du willst.

Herzliche Grüße,
Deine Eva und Peter

Die Antwort

a)
Liebe Eva, lieber Peter,
Dank für Einladung – kann nicht kommen – leider – Freitag: – muß – Bruder – nach Stuttgart. Bruders Frau – heute – Krankenhaus – ich – ab morgen – Kinder versorgen – eine Woche lang.

Herzliche Grüße,
Eure Elke

Die Einladung

b)

Liebe Madeleine, lieber René,

am Freitag, dem 14. September wollen wir den dreißigsten Geburtstag von Peter feiern. Dazu möchten wir Euch herzlich einladen. Wir wollen um sechs Uhr beginnen. Könnt Ihr mit der Bahn kommen? Dann können wir mehr trinken. Ihr könnt auch bei uns übernachten, wenn Ihr wollt.

Herzliche Grüße,
Eure Eva und Peter

Die Antwort

b)

Liebe Eva, lieber Peter,

Dank für Einladung – konnten nicht kommen – schade. Sicher tolles Fest. Erst seit heute wieder zu Hause – leider. Vierzehn Tage – Urlaub in Österreich.
Wetter phantastisch – fast nur Sonne.
Möchten Euch einladen – für nächste Woche.
Können Euch – zeigen – Bilder vom Urlaub – Peters Geburtstag nachfeiern. An welchem Tag?

Herzliche Grüße,
Eure Madeleine und René

Quelle: Nach *Deutsch aktiv*, Lehrbuch 1, S. 87.

C 10 Texterstellung: Problemlösung

Aufgabe für den Übenden ist, ein sich aus der Situation bzw. der Textsorte ergebendes Problem zu lösen.

Die Situation im hier vorliegenden Beispiel ist folgende: Herr A. kommt von auswärts und möchte jemand in Köln besuchen. Er hat vor Antritt seiner Reise brieflich eine Wegbeschreibung bekommen, aber die ist falsch, Herr A. verirrt sich. Er ruft die Leute, die er besuchen möchte, von einer Telefonzelle aus an, um noch einmal eine Wegbeschreibung zu bekommen.

Hier setzt die Übung ein: Nachdem Herr A. seinen Standort genannt hat, beschreibt der Lerner in der Rolle des Telefonpartners den Weg, den Herr A. fahren muß, um in die Breite Straße, an sein Ziel, zu kommen.

So ein Mist!!!

Wenn Du an den Rhein kommst, fahre über die Deutzer Brücke nach Köln rein. Dann geradeaus über den Heumarkt; die Gürzenichstr. entlang und weiter die Schildergasse, immer geradeaus.
Vor der großen Kirche mußt Du nach rechts abbiegen, und dann die erste Straße links, das ist die Breite Straße.
Unser Haus ist Nr. 17.
Gute Fahrt!

Ich kann deine Adresse nicht finden! Ich glaub, deine Beschreibung ist falsch.

In einer Telefonzelle Ecke Limburger Straße Hohenzollernring.

Wo bist du denn jetzt?

Du mußt ...
....
....

Quelle: *Deutsch aktiv*, Lehrbuch 1, S. 110.

Im Auswahl-Verfahren setzt der Übende erzählende Elemente zum Anfang einer Geschichte zusammen (es gibt vier Möglichkeiten), dann erfindet er selbst Fortsetzung und Ende. Auch diese Übung hält dazu an, die Realisationen bestimmter Sprechintentionen häufiger zu benutzen.

In einer stürmischen, regnerischen Nacht kam ich zu Graf Draculas Schloß. Ich klopfte an das riesige Tor, und nach einiger Zeit öffnete der Graf persönlich und sagte:
a)   seine Schwiegermutter – gestorben,
b)   sein alter treuer Hund – weggelaufen,
c)   seine Braut – um Mitternacht ankommen,
d)   sein alter Gärtner – in Brunnen gefallen.

Ich antwortete, daß ich keine Angst hätte und daß ich
a)   helfen – seine Schwiegermutter begraben,
b)   suchen – entlaufenen Hund,
c)   abholen – Braut – vom Bahnhof,
d)   heraufholen – Gärtner – aus Brunnen.

Graf Dracula bat mich in sein Schloß. Als wir den großen Schloßsaal betraten, sah ich, daß
a)   Schwiegermutter – gefesselt und geknebelt – Boden,
b)   Hund – schlafend am Kamin,
c)   Braut – kahlgeschoren am Tisch,
d)   Gärtner – Tisch decken – 12 Personen.

Als der Graf meine Überraschung sah, sagte er
    er *habe* . . .
    er *wolle* . . .
    er *werde* . . .
    er *müsse* . . .
SETZE DIE GESCHICHTE FORT.
BENUTZE DIE UNTERSTRICHENEN WORTE SO OFT WIE MÖGLICH.

Nach UE *"If you don't mind . . ."*, S. 13. – Arbeitsgruppe Mittelstufe der Landesfachkonferenz Englisch im System der Kooperation des Gesamtschulversuchs NRW.

Eine Bildsequenz leitet den Übenden dazu an, einen Handlungsablauf zu erzählen. Auch hier sollen möglichst häufig Realisationen der Sprechintention „erzählen, was jemand gemacht hat" benutzt werden.

Was hat Gabi Schmidt heute in der Stadt gemacht?

A Gabi ist / hat . . . . . Dann ist sie . . . . .
B Ich bin / habe . . . . .

Quelle: *Deutsch aktiv*, Lehrbuch 1, S. 117.

Im folgenden Beispiel soll der Übende mit Hilfe einer Bildsequenz eine Geschichte aus der Perspektive eines Beobachters erzählen, Sprechintention: „erzählen, was man/jemand gesehen hat." Abgesehen von der Aufgabe, möglichst oft Realisationen der o.g. Sprechintention zu benutzen, ist der Übende sehr frei in der (mündlichen oder schriftlichen) Gestaltung der Geschichte.

Was hat Sherlock Holmes gesehen?

Quelle: *Deutsch aktiv*, Lehrbuch 1, S. 117.

Die Bilder der folgenden Übung stellen nicht Stationen eines Handlungsablaufs dar, sondern sollen jedes für sich als Impuls für eine kleine Geschichte, die der Lernende selbst erfindet, dienen. Je nachdem, wie der Lerner das im Bild vorgeführte Geschehen deutet, kann er eine Vorgeschichte oder eine Fortsetzung zu der Illustration erfinden. Die Übung eignet sich für die mündliche oder schriftliche Erarbeitung und besonders auch für die Gruppenarbeit.

Was meinen Sie: Was passiert hier?

Quelle: *Deutsch aktiv,* Lehrbuch 1, S. 135.

Ausgangs-Textsorte ist ein Comic (Beispiel s.o.). Aufgabe des Lerners ist es, die Handlung des Comics in eine andere Textsorte zu verwandeln, z. B. in einen Erzähltext oder eine Situationsbeschreibung, wozu als Hilfe eine Tabelle mit „Leit"-Sätzen und einem Frageimpuls gegeben werden kann (oder auch nicht).

Denkbar ist auch eine Umwandlung der Textsorten-Vorlage in einen Dialog oder in eine „Dramatisierung" des abgebildeten Geschehens. In diesem Falle können natürlich die Inhalte der Sprechblasen des Comics herangezogen werden, es ist aber auch möglich, für den Dialog eine besondere Redemitteltabelle zur Verfügung zu stellen.

Fräulein Miller sucht einen Platz.
Sie fragt einen Herrn.
Ein Platz ist noch frei.
Der Herr hilft
und nimmt ihr Gepäck.
Dann ist er sehr enttäuscht.

Warum?

Ist der Platz noch frei?	Ja, der ist frei.
	Nein, der ist besetzt,
	aber der ist noch frei.
Ich helfe Ihnen!	Danke schön, das ist aber nett.
	Vielen Dank!
	Ja, bitte.
	Danke, nicht nötig.

Quelle: *Deutsch aktiv*, Lehrbuch, S. 49.

C 14a   Texterstellung: Comic-Dialog

Eine Variante der Übungsform „Texterstellung mit Hilfe von Comics" ist die folgende: Die Sprechblasen einer Comic-Geschichte sind leer gelassen. Aufgabe des Lerners ist es (evtl. zusammen mit einem Partner), den Dialog der Geschichte zu erfinden und die Dialogteile in die Sprechblasen einzusetzen. Die Übung kann dadurch erheblich erleichtert werden, daß man die einzusetzenden Dialogteile (Redemittel) vorgibt. Aufgabe des Lerners ist es dann, diese in der richtigen Reihenfolge einzusetzen.

C 15   Texterstellung: Comic

Eine Möglichkeit zu freierer Texterstellung bietet folgendes Vorgehen: Nachdem der Lernende bereits vorher mit der Textsorte „Comic" stärker gelenkt gearbeitet hat, kann er nun völlig frei ein Comic erstellen. Ein Arbeitsblatt bietet lediglich Vorlagen zum Ausschneiden, die der Übende zu Bildfolgen zusammenklebt und gegebenenfalls zeichnerisch ergänzt. Er fügt Sprechblasen hinzu, die er mit Texten füllt.

C 16   Verzweigungsdialog

Bei der Beschäftigung mit einer thematischen Einheit haben die Lernenden sich in bestimmte Rollen versetzt, um die durch den Ausgangstext vorgegebene Sprechintention zu realisieren. Nun sollen sie die geübten Redemittel freier anwenden, in einem Dialog, der zunächst stark vorstrukturiert ist, dann aber eine Gelenkstelle aufweist, nach der einer der beiden Dialogpartner den Dialog nach Belieben weiterführt, d. h. er kann das Gespräch beenden, kann es aber auch – je nach Vermögen – weiterführen.

116

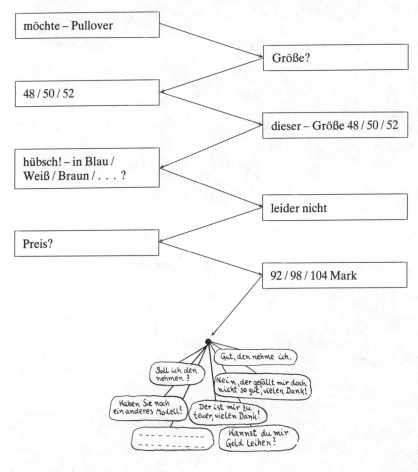

möchte – Pullover

Größe?

48 / 50 / 52

dieser – Größe 48 / 50 / 52

hübsch! – in Blau /
Weiß / Braun / . . . ?

leider nicht

Preis?

92 / 98 / 104 Mark

Soll ich den nehmen?

Gut, den nehme ich.

Nein, der gefällt mir doch nicht so gut, vielen Dank!

Haben Sie noch ein anderes Modell?

Der ist mir zu teuer, vielen Dank!

Kannst du mir Geld leihen?

- - - - - - - - - -
- - - - - - - - - -

Nach *Deutsch aktiv,* Lehrbuch 1, S. 65.

Diese Übung ist in der Anlage freier als die Übungsform Offener Dialog 1 (C 1) und die Übungsform Verzweigungsdialog (C 13), da sie sich nicht im inhaltlichen Rahmen einer thematischen Einheit bewegt und da von der „Gelenkstelle" an die Übungspartner (etwa in einer Partner- oder Gruppenübung) sich frei entscheiden, wie der Dialog weitergehen wird. Die Lerner benutzen Redemittel in einem inhaltlichen Zusammenhang, der nicht vom Thema der gerade bearbeiteten Unterrichtseinheit abhängt, sondern ihrem eigenen Erfahrungsbereich entstammt.

Komm, steig ein!

Ich bring dich nach Hause.

Was willst du?

Das kannst du nicht, du bist betrunken!

Quatsch, komm, steig ein!

Wer sagt das?

Hör auf! Das darfst du nicht!

Die Polizei!

Das stimmt!
Du hast recht!
Was machen wir jetzt?

Das ist mir egal!
Ich will nach Hause!

Wir nehmen ein Taxi.
Wir gehen zu Fuß.
Ich rufe meine Frau an ...
Wir trinken weiter!

Ich fahre nicht mit!
Mach, was du willst!

Mit dir trinke ich nie wieder!
Du bist verrückt!

Quelle: *Deutsch aktiv*, Lehrbuch 1, S. 79.

Eine Vorübung für den freien Diskurs zeigt das folgende Beispiel, in dem mehrere Diskursketten vorgegeben sind, die der Übende (in Partnerarbeit) als Simulationen mehrerer möglicher Gesprächsvarianten durchspielen kann. (Die eingetragenen Redemittel zeigen mögliche Lösungen, nicht die erwartete Lösung der Aufgabe.)

Verkünde eine Absicht, mach einen Vorschlag.	Mach einen Einwand.	Entkräfte den Einwand.	Mach erneut einen Einwand.	Spiele das Argument herunter.	Stimme zu, lenke ein.
	In die Oper? Das ist mir zu teuer.	Nein, das stimmt nicht. Es gibt ganz billige Plätze im 2. Rang.	Was spielen sie denn? „Carmen"? Das ist ja langweilig!	Das denkst du. „Carmen" ist eine der spannendsten Opern, die ich kenne.	Na ja, ich kanns's ja mal versuchen.
Ich gehe am Wochenende in die Oper. Hast du Lust, mitzukommen?	→	→	→	Beende das Gespräch. ↘ Dann gehe ich eben allein!	
	Stimme zu.	Drücke Deine Begeisterung aus. Mach nähere Angaben.	Schlage Zeit- und Treffpunkt vor.	Verabschiede Dich. Ja, klar. Also dann bis Samstag. Tschüs.	
	In die Oper! Was gibt's denn? „Carmen"? Ja, „Carmen" wollte ich schon immer mal sehen.	Prima! Weißt du, wer die Hauptrolle spielt? Anita Amati! Und Toni Tangram singt den José. Es fängt am Samstagabend um acht Uhr an.	Wollen wir uns dann um halb acht vor dem Opernhaus treffen?	Mach einen Gegenvorschlag. Wie wär's, wenn wir uns schon um sieben zum Abendessen träfen? →	Stimme zu. Gern. Also bis Samstag um sieben.

Nach einer Übungsvorlage aus dem Entwurf zu dem Baukasten *I wanna have fun* von U. Grewer und T. K. Moston.

Informationen aus verschiedenen Texten können in grafischer Form zusammengefaßt werden, um inhaltliche Zusammenhänge übersichtlich darzustellen. Im folgenden Beispiel soll der Lernende Informationen zum Thema ,,Alkoholismus'' aus vier vorangegangenen Interviews in einer vorgegebenen Übersichtstabelle überschaubar (durch Ankreuzen) zusammenstellen. Die ausgefüllte Tabelle kann dann als Hilfe bei der mündlichen (oder schriftlichen) Zusammenfassung der in den Texten angesprochenen Probleme dienen.

	Dr.C	B.	J.	E.
Gründe für Alkoholismus				
leichter Zugang				
Ziel: Entspannung				
Genuß				
Ausgeglichenheit				
Schlaf				
schlechtes Beispiel anderer				
Sorgen				
Ängste				
Anraten des Arztes				
Folgen, Gefahren				
Verbrechen				
Verletzungen				
Krankheiten und Schäden				
Krebs				
Leberzirrhose				
Gehirnschäden				
Herzschwäche				
Delirium tremens				
innere Blutungen				
Verlust der Kontrolle über Körperfunktionen				
Abhängigkeit, Sucht				
Nachteile und Schwierigkeiten				
Schulverweis				
Verlust der Arbeitsstelle				
Abwendung der Freunde				
Streitigkeiten				
Entfremdung von Familienangehörigen				
Verhaftung				

Nach *Issues 2*, ,,*Booze*'', Baukasten für den Englischunterricht im 9. Schuljahr, 8.7, München (Langenscheidt-Longman) 1978.

Einfache grafische Darstellungen (Tabellen), die Angaben oder Daten zum Vergleich gleich oder ähnlich gearteter Personen, Dinge oder Sachverhalte anführen, können dem fortgeschrittenen Lerner zum Ablesen und Verbalisieren der in den Tabellen enthaltenen Fakten hinsichtlich ihrer Übereinstimmung oder Verschiedenheit vorgelegt werden. Dazu können natürlich auch grundlegende Redemittel mitgeliefert werden.

Drei Schultypen:

Hauptschule Kl. 9 — STUNDENPLAN

Zeit	Montag	Dienstag	Mittwoch	Donnerstag	Freitag	Samstag
8.00- 8.45	Mathematik	Biologie	Sport	Werken (Jungen)	Englisch	Arbeitsge-
8.45- 9.30	Mathematik	Biologie	Sport	Werken (Jungen)	Englisch	meinschaft²⁾
9.45-10.30	Religion	Geschichte	Deutsch		Sozialkunde	Physik/Chemie
10.30-11.15	Erdkunde	Deutsch	Sozialkunde	Hauswirt-	Sozialkunde	Physik/Chemie
11.30-12.15	Wahl-Pflicht-	Sozialkunde	Mathematik	schaft	Mathematik	
12.15-13.00	Kurs ¹⁾	Sozialkunde	Englisch	(Mädchen)	Deutsch	

¹⁾ Musik/Kunst oder Physik/Chemie
²⁾ Fotoarbeit oder Sport oder Kochen

Realschule Kl. 9 — STUNDENPLAN

Zeit	Montag	Dienstag	Mittwoch	Donnerstag	Freitag	Samstag
7.55- 8.40	Deutsch	Deutsch	Französisch	Englisch	Maschinenschr.	Deutsch
8.45- 9.30	Französisch	Englisch	Englisch	Mathematik	Französisch	Physik
9.45-10.30	Englisch	Geschichte	Mathematik	Gemeinschaftsk.	Deutsch	Biologie
10.35-11.20	Mathematik	Sport (Mädchen)	Mathematik	Hauswirt-	Stenographie¹⁾	Physik
11.30-12.10	Kunst	Werken (Jungen)	Textil (Mädchen)	schaft (Mädchen)	Geschichte	Erdkunde
12.10-12.50	Kunst	Biologie	Sport (Jungen)		Erdkunde	

¹⁾ wahlfrei

Gymnasium Kl. 9 — STUNDENPLAN

Zeit	Montag	Dienstag	Mittwoch	Donnerstag	Freitag	Samstag
8.00- 8.45	Geschichte	Englisch	Latein¹⁾	Englisch	Geschichte	Mathematik
8.55- 9.40	Deutsch	Deutsch	Latein¹⁾	Mathematik	Englisch	Latein¹⁾
9.45-10.30	Englisch	Latein¹⁾	Physik	Deutsch	Sozialkunde	Physik
10.45-11.30	Mathematik	Mathematik	Kunst	Deutsch	Biologie	Chemie
11.35-12.20	Sport	Erdkunde	Kunst	Chemie	Religion	Musik
12.30-13.15	Sport	Religion				

¹⁾ oder Französisch

Quelle: *Deutsch aktiv*, Lehrbuch 1, S. 94.

Zum Herausfiltern von Details aus einem längeren Text oder zum Erfassen des Hauptstranges einer Handlung kann sich der Lernende der Arbeitstechnik des Unterstreichens (evtl. mit Stiften verschiedener Farbe) oder des Markierens (mit besonderen farbigen Markierstiften) bedienen. Diese Arbeitstechnik kann auch vor allem bei langen Texten als Vorbereitung von ,,Notizen aufnehmen/sammeln" verwendet werden.

```
In einer Neubausiedlung wie Gropiusstadt, wo
45 000 Menschen wohnen, kommt hinzu, daß jede
Problematik gleich massenhaft auftritt. Außerdem
fehlt es in Gropiusstadt nach Ausnutzung jegli-
chen Baugrunds an geeigneten Spielmöglichkeiten
für Kinder, an Freizeiteinrichtungen für Jugend-
liche und Erwachsene. Es gibt hier keine großen
Parks, keine Wälder, einfach nichts,wo Kinder
sich legal austoben oder Erwachsene spazieren-
gehen können. Die schwächsten Gruppen in der Ge-
sellschaft,die Kinder, Jugendlichen und Alten,
sind solchen zerstörerischen Lebensbedingungen
am unmittelbarsten ausgesetzt.
Die Logik solcher Städte wie Gropiusstadt be-
ruht auf der Rentabilität des Kapitals und
orientiert sich nicht an den Bedürfnissen und
Lebensnotwendigkeiten der Menschen. Und die Dro-
ge ist von jeher eines der übelsten Mittel gewe-
sen, den Menschen das Bewußtsein davon zu rau-
ben, daß sie zu den Opfern der gesellschaftli-
chen Entwicklung gehören. Alkohol hat schon lan-
ge in der Arbeiterschaft diese Funktion. Nun
sind in den letzten Jahrzehnten andere Sucht-
mittel dazugekommen. Psychopharmaka, ein lega-
les einträgliches Geschäft, und Rauschgifte von
Haschisch bis Heroin, zwar illegal, aber nicht
weniger einträglich. Erstaunlich ist eigentlich
nicht so sehr, wie viele davon Gebrauch machen,
sondern wie viele trotz massiver Existenzproble-
me nicht davon Gebrauch machen.
```

Quelle: *Baukasten ,,Zoo"*, Schülerbuch, S. 12.

Um sich möglichst frei zu einem Text äußern zu können, soll sich der Lernende Notizen machen. Er soll Aspekte eines oder mehrerer Probleme sammeln und gliedern. Zu diesem Zweck werden ihm zunächst Rubriken vorgegeben, um ihm das Sammeln und Gliedern zu erleichtern. Später soll er auch in der Lage sein, sich selbst ein Notizblatt mit entsprechenden Rubriken anzulegen.

Im folgenden Beispiel sollen aus verschiedenen Textsorten (Zeitungsinserat mit Fotos und Bauskizzen) Informationen über Vor- und Nachteile des Bauvorhabens einander gegenübergestellt und gegeneinander abgewogen werden.

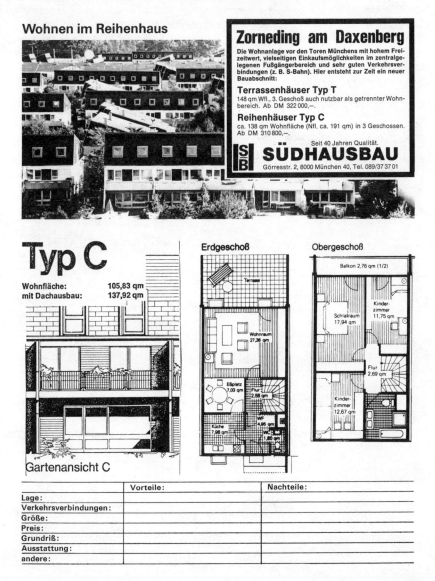

Wohnen im Reihenhaus

Typ C

Wohnfläche: 105,83 qm
mit Dachausbau: 137,92 qm

Gartenansicht C

Erdgeschoß

Terrasse
Wohnraum 27,36 qm
Eßplatz 7,03 qm
Flur 2,58 qm
Küche 7,96 qm
WF 4,96 qm
WC 1,80 qm

Obergeschoß

Balkon 2,76 qm (1/2)
Kinderzimmer 11,75 qm
Schlafraum 17,94 qm
Flur 2,69 qm
Kinderzimmer 12,67 qm

	Vorteile:	Nachteile:
Lage:		
Verkehrsverbindungen:		
Größe:		
Preis:		
Grundriß:		
Ausstattung:		
andere:		

Quelle: „Deutsch aktiv", Lehrbuch 1, S. 47.

Ein Arbeitsblatt zum Übungstyp Notizen aufnehmen kann so aufgeteilt sein, daß Eintragungen aus einem Text in vorgegebene Rubriken zu einer Gliederung des Textinhalts führen und so eine (mündliche und schriftliche) Wiedergabe oder eine geraffte Zusammenfassung nach Fakten erleichtern. Das folgende Beispiel zeigt, wie die wichtigsten Mitteilungen aus einem (längeren) Erzähltext durch überschriftartige Leitsätze geordnet werden.

CHRISTIANES NEUE FREUNDE	WARUM CHRISTIANE SICH ZU DEN JUGEND-LICHEN DER NEUEN CLIQUE HINGEZOGEN FÜHLT	WAS CHRISTIANE UND IHRE NEUEN FREUNDE IN IHRER FREIZEIT TUN	DIE KALKGRUBE

Quelle: *Baukasten „Zoo"*, Arbeitsbuch, S. 29.

Eine thematische Gliederung eines Textes läßt sich auch durch gezielte Fragen nach bestimmten Fakten erreichen.
Im folgenden Beispiel werden Aussagen einer Person zu verschiedenen Themen gesammelt und gegliedert.

WAS SAGT LEHRER MÜCKE

ÜBER CHRISTIANES WESEN?	ÜBER CHRISTIANE ALS SCHÜLERIN?	ÜBER SEINE UND VIELER LEHRER EINSTELLUNG ZU DROGEN?

Quelle: *Baukasten „Zoo"*, Arbeitsbuch, S. 26.

Äußerungen mehrerer Personen zu bestimmten Problemen bzw. zu Aspekten bestimmter Probleme werden auf verschiedenen Notizblättern gesammelt.

In diesem Beispiel werden die Aussagen von sechs Personen zum Thema Drogenabhängigkeit unter drei Aspekten (Ursachen, Folgen, Probleme) zusammengestellt.

```
In Ihren Aussagen sprechen Jürgen Quandt, Christiane und Ute F., Dieter Mücke,
B.G. Thamm und E. Brömer über URSACHEN
                              FOLGEN (z. B. Krankheiten)
                              PROBLEME
im Zusammenhang mit Drogenabhängigkeit.
Benutze die folgenden Arbeitsblätter, um mit einem Partner oder mit mehreren
Mitschülern die genannten Aussagen zu analysieren. Schreibe die Ergebnisse in
die entsprechenden Spalten.
```

	Jürgen Quandt	Christiane F. und Ute F.	Dieter Mücke	B.G. Thamm E. Brömer
Ursachen				
Folgen				
Probleme				

Quelle: *Baukasten „Zoo"*, Arbeitsbuch, S. 30–34.

Mit der Arbeitstechnik Notizen erstellen hat der Lernende Aussagen und Meinungsäußerungen von Personen oder unter bestimmten Gesichtspunkten geordnete Fakten und Details gesammelt, um eine Grundlage und Hilfe für eine zusammenfassende Darstellung von Textinhalten zu gewinnen. Nun soll er selbst Notizen erstellen, um eigene Erlebnisse, Erfahrungen, Gedanken und Meinungen (mündlich oder schriftlich) darstellen zu können.

Dieses „Erstellen von Notizen" erfolgt nach der Beschäftigung und Auseinandersetzung mit einem Thema oder Themenkreis – der Lernende hat sich möglicherweise mit einer ganzen Anzahl verschiedenartiger Textsorten zu einem Thema auseinandergesetzt. Nun fixiert er seine Ansichten, seine Meinung. Er ist dabei sehr frei – lediglich das Äußerungsmuster wird durch strukturierende Vorgaben bestimmt.

Der Lernende erstellt sich so Tabellen von schriftlich festgehaltenen Gedanken. In der folgenden Phase (D) der freien Äußerung dienen dann diese Tabellen dem Lerner als Redemittel-Listen, die er in der Diskussion aktivieren kann.

Meine Eltern erlauben manchmal, daß____	Unsere Nachbarn dulden nicht, daß____
Meine Geschwister sind sauer, wenn____	Meine Freunde und ich möchten, daß____
Ich darf niemals_____, denn meine Eltern haben immer_____	Meine Lehrer wollen oft_____, aber ich will nicht_____
Ich habe es gern, wenn_____, aber die meisten Leute haben es viel lieber, wenn_____	Ich bin froh, wenn_____, aber unsere Nachbarn_____
Die meisten Eltern haben keine Ahnung, daß_____	Viele Leute können nicht begreifen, daß
Ich finde es nicht schlimm, wenn_____, aber viele Leute glauben,_____	Viele Eltern_____. Sie sind_____
Viele Erwachsene_____, weil sie_____	Ich kann oft_____, und ich finde es gut, wenn_____
Ich muß fortwährend_____, denn unsere Nachbarn _____	Meine Lehrer sagen immer, daß_____, aber meine Eltern meinen,_____

Quelle: *Baukasten „Zoo"*, Arbeitsbuch, S. 21.

Im vorangegangenen Beispiel einer vom Lerner selbst erstellten Redemittel-Tabelle ging die Vorstrukturierung immerhin so weit, daß die Bindung an ein Thema (Verhältnis zu den Menschen, mit denen man täglich zusammen ist) erkennbar blieb. Im Beispiel auf dieser Seite ist die Vorstrukturierung so offen, daß die Tabelle als Formulierungshilfe bei der Sammlung von Redemitteln zu beliebigen Themen dienen kann.

Ich glaube, daß _____	Ich meine, _____
Ich sage immer, _____	Ich bin davon überzeugt, daß _____
Ich vermute, daß _____	Nach meiner Ansicht _____
Soviel ich weiß, _____	Die Ursachen können ganz verschieden sein, z.B. _____
Es liegt meistens daran, daß _____	Es kommt immer wieder vor, daß _____
Ich kann mir nicht vorstellen, daß _____	Ich glaube einfach nicht, daß _____
Ich begreife nicht, _____	Wie ich das Problem sehe, _____
Die Folgen sind bekannt, es sind _____	In den meisten Fällen _____

Quelle: *Baukasten „Zoo"*, Arbeitsbuch, S. 35.

Stufe D

Entfaltung von freier Äußerung

Nach der Entwicklung von Verstehens- und Mitteilungsleistungen mit Hilfe von not-wendigerweise mehr oder weniger stark steuernden Übungen soll der Sprachlerner dazu kommen, das bis hierher erworbene inhaltliche Wissen, die sozial-interaktiven Verhaltensweisen und das sprachliche Können frei anzuwenden. ,,Frei" ist auch hier immer noch auf die Simulation im Unterricht beschränkt, beinhaltet jedoch verstärkt die flexible Übertragbarkeit auf Verwendungszusammenhänge außerhalb des organi-sierten Sprachunterrichts.

Handeln in der Fremdsprache soll spontan zu einem Sachverhalt, begründend und kommentierend und im Diskurs[1] erfolgen. Hierzu können im Unterricht Hilfen in Form von Tabellen mit thematisch zugeordneten Sprachmitteln und beispielhaften Diskursabläufen gegeben werden. Diese können durchaus vorhergehenden Übungs-schritten entstammen, zum Beispiel einem Übungsablauf mit C-Charakter. In Abläu-fen mit D-Charakter dienen diese Sprachmittel und Diskursabläufe jedoch nicht mehr Übungszwecken, sondern sollen Hilfen bei der Meinungsäußerung sein. Ihre mediale Funktion verlangt nach einer thematischen Zuordnung innerhalb einer Verständi-gungssituation, sonst laufen sie Gefahr, zu Formalübungen abzugleiten. Besonders deutlich wird dieser Zwang zum thematischen Vorgehen dort, wo Aussagen zu gan-zen Übungssequenzen gemacht werden.

---

[1] Der Begriff Diskurs wird hier nicht in seiner sozial-philosophischen Bedeutung (Habermas) gebraucht, sondern an den ,,discourse"-Begriff angenähert, der sich auf die Art und Weise bezieht, in der sprachliche Äußerungen aufeinander bezogen sind und auch voneinander ab-hängen.

Redemitteltabellen wie in folgendem Beispiel sind eine Hilfe zum spontanen Stellungnehmen ohne Begründung.

Die Äußerungen beziehen sich auf den Liedtext „Es gibt keine Maikäfer mehr" von Reinhard Mey.

Hier stehen zehn Meinungen zu dem Inhalt des Textes „Es gibt keine Maikäfer mehr". Einige sind positiv, einige negativ.

Wenn Sie finden, daß die Meinung richtig ist,
stimmen Sie zu: Symbol +

Wenn Sie finden, daß die Meinung falsch ist,
protestieren Sie: Symbol −

Wenn Sie nicht sicher sind: Symbol ?

+
Damit bin ich einverstanden.
Einverstanden.
Ja, das ist so.
Das ist wahr.
Genau so.
Ich bin derselben Meinung.
Ja sicher.
Ich glaube schon.

−
Da bin ich nicht einverstanden.
Da bin ich anderer Meinung.
Das ist doch Blödsinn.
So ein Unsinn.
Sicher nicht.
Das ist nicht wahr.
Ganz und gar nicht.
Das glaube ich nicht.
Und das soll ich glauben?

?
Wirklich?
Ist das wirklich so?
Sind Sie sicher?
Ich weiß nicht.
Da bin ich nicht sicher.
Kann man das beweisen?

Benutzen Sie die obigen Redemittel, um zu folgenden Aussagen Stellung zu nehmen:

1. Grund für das Verschwinden der Maikäfer sind die Parkhäuser.
2. Es hat keine Bedeutung, daß es keine Maikäfer mehr gibt.
3. Maikäfer waren eine Plage.
4. Es ist wichtig zu untersuchen, warum die Maikäfer heute verschwinden.
5. Reinhard Mey übertreibt, wenn er sagt, daß die Maikäfer den Menschen vorausgehen.
6. Es gibt wichtigere Probleme als das Aussterben der Maikäfer.

Quelle: Materialsammlung zu *Umwelt*, Mavo, Holland 1978. (Redaktionelle Überarbeitung: M. Krüger.)

Das Formulieren von Meinungen wird erleichtert, wenn den Sprachlernern Hilfe durch eine Tabelle folgender Art zur Verfügung steht. Je nach Thema können hier schon bestimmte Stichworte aus vorhergehenden Unterrichtsschritten eingesetzt sein. (Vgl. dazu das Beispiel C 23.2, S. 127.)

D 2   Redemitteltabelle: Begründete Stellungnahme

Um Meinungen begründen zu können, ist sowohl die erweiterte Verwendung anderer sprachlicher Mittel wie auch eine breitere Informationsbasis, zum Beispiel landeskundlicher Art, notwendig. Hier können breit angelegte Angebote sprachlichen Materials das Äußern begründeter Meinungen und Ansichten erleichtern.

D 2.1

Ein einfaches Beispiel ist dem Verständigungsanlaß „Planung einer Wochenendfahrt" und der Entscheidung über ein passendes Transportmittel entnommen.

Wie würden Sie Stellung nehmen?
1. Mit dem Wagen geht's schneller.
2. Wir haben keinen Fahrer mit Führerschein.
3. Im Zug hat man mehr Platz.
4. Mit dem Zug ist es billiger.
5. Im Zug wird man nicht so schnell müde.
6. Mit dem Wagen können wir fahren, wann wir wollen.
7. An der Autobahn kann man überall Pause machen.
8. Im Zug können wir essen, ohne Zeit zu verlieren.
9. Man braucht uns nicht zum Bahnhof zu bringen. / Wir müssen nicht zum Bahnhof fahren.
10. Mit dem Wagen können wir leichter unser Gepäck mitnehmen.
11. Im Zug kann man schlafen, lesen, sich die Landschaft ansehen.

D 2.2

Ein weiteres Beispiel zu einem anderen Verständigungsanlaß, nämlich zu „Tiere in der Wohnung?" zeigt, daß schon das Zuordnen vorgegebener Äußerungen Anlaß zu begründeter Stellungnahme sein kann:

Quelle: *Deutsch aktiv*, Lehrbuch 1, S. 129.

Weniger Hilfen werden zu folgender Verständigungsaufgabe gegeben, wo nur Fakteninformation in tabellarischer Form, aber darüber hinaus keine Redemittel angegeben werden. Der Verständigungsanlaß heißt „Gebrauchtwagenkauf".

Vergleichen Sie die Wagen nach Preis, Erstzulassung, Kilometerstand, TÜV und „Sonstiges":

Fabrikat/Typ: *Audi 80GL*	*9,3 l / 100 km*	
Hubraum/PS: *1600 / 85*	Erstzulassung: *vor 2½ Jahren*	Kilometerstand: *56.000*
TÜV: *1½ Jahre*	Neupreis: *15.000,—*	Sonstiges: *4 Türen, Radio*
DM *11.000,—*		

131

Fabrikat/Typ: Opel Rekord	*11 l / 100 km*	
Hubraum/PS: *1900 / 95*	Erstzulassung: *vor 1½ Jahren*	Kilometerstand: *25.000*
TÜV: *6 Monate*	Neupreis: *16.000,–*	Sonstiges: *1. Hand*
DM *14.000,–*		

Fabrikat/Typ: Ford Escort	*9,5 l / 100 km*	
PS: *55*	Erstzulassung: *vor 5 Jahren*	Kilometerstand: *85.000*
TÜV: *1 Jahr*	Neupreis: *11.000,–*	Sonstiges: *Leichter Unfall*
DM *3.000,–*		

Quelle: *Deutsch aktiv,* Lehrbuch 1, S. 134.

D 3   Redemitteltabelle: Diskursverläufe

Zu Äußerungen in einem diskursiven Zusammenhang gehört nicht nur die Fähigkeit begründet oder spontan unbegründet Stellung zu nehmen, sondern auch die Fähigkeit, eine Diskussion/ein Gespräch zu unterbrechen, um sich einzuschalten (,,Wenn ich hier gerade folgendes sagen darf . . .''), um sich zu vergewissern (,,Wenn ich Sie richtig verstanden habe . . .''), um jemanden zu beschwichtigen (,,Eigentlich hatte ich angenommen, daß . . .''), um eine geäußerte Meinung abzuwandeln oder zurückzunehmen (,,In dem Punkt könnten Sie gewiß recht haben . . .''/,,Das könnte eventuell sogar stimmen . . .'')[2]. Nun scheint es wenig sinnvoll, zu einzelnen solcher Sprachfunktionen Redemittel abstrahiert in Listen anzubieten. Vielmehr sollte es auch hier darum gehen, sprachliche Mittel inhaltlich zugeordnet so anzubieten, daß sie auf möglichst viele andere Verständigungssituationen anwendbar sind.

D 3.1

Das folgende Beispiel dazu schließt an das Interview mit einer geschiedenen Frau an, die allein sich und ihre Kinder durchbringen muß:

---

[2] Vgl. Ch. Candlin, ,,Form, Funktion und Strategie zur Planung kommunikativer Fremdsprachencurricula''. Deutsche Bearbeitung Peter Mohr, in: Bundesarbeitsgemeinschaft Englisch an Gesamtschulen (Hg.), *Kommunikativer Englischunterricht. Prinzipien und Übungstypologie,* München (Langenscheidt-Longman) 1978, S. 29 f.

132

Christianes Mutter äußert sich sehr offen über ihr Leben und das ihrer Kinder. Versuchen Sie jetzt, etwas über sich selbst, Ihren Umgang mit Familien und Freunden usw. zu äußern.

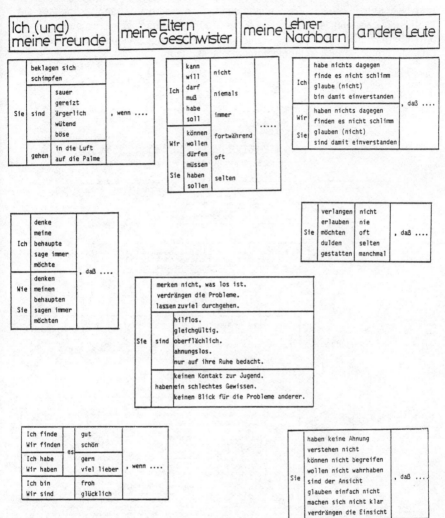

Ich (und) meine Freunde	meine Eltern Geschwister	meine Lehrer Nachbarn	andere Leute

Ich (und) meine Freunde / meine Eltern Geschwister / meine Lehrer Nachbarn:

Sie	sind	beklagen sich / schimpfen		, wenn ....
		sauer / gereizt / ärgerlich / wütend / böse		
	gehen	in die Luft / auf die Palme		

Ich	kann / will / darf / muß / habe / soll	nicht / niemals / immer	.....
Wir	können / wollen / dürfen / müssen	fortwährend / oft	
Sie	haben / sollen	selten	

Ich	habe nichts dagegen / finde es nicht schlimm / glaube (nicht) / bin damit einverstanden		, daß ....
Wir	haben nichts dagegen / finden es nicht schlimm		
Sie	glauben (nicht) / sind damit einverstanden		

Ich	denke / meine / behaupte / sage immer / möchte	, daß	
Wie Sie	denken / meinen / behaupten / sagen immer / möchten		

Sie	verlangen / erlauben / möchten / dulden / gestatten	nicht / nie / oft / selten / manchmal	, daß ....

Sie	merken nicht, was los ist. / verdrängen die Probleme. / lassen zuviel durchgehen.	
	sind	hilflos. / gleichgültig. / oberflächlich. / ahnungslos. / nur auf ihre Ruhe bedacht.
	haben	keinen Kontakt zur Jugend. / ein schlechtes Gewissen. / keinen Blick für die Probleme anderer.

Ich finde / Wir finden	es	gut / schön	, wenn ....
Ich habe / Wir haben		gern / viel lieber	
Ich bin / Wir sind		froh / glücklich	

Sie	haben keine Ahnung / verstehen nicht / können nicht begreifen / wollen nicht wahrhaben / sind der Ansicht / glauben einfach nicht / machen sich nicht klar / verdrängen die Einsicht	, daß ...

Quelle: *Baukasten „Zoo"*, Arbeitsbuch, S. 23.

Im gleichen thematischen Zusammenhang, in dem es übrigens hauptsächlich um die Problematik sozialer Randgruppen, hier von Drogenabhängigen geht, benutzen die Sprachlerner eine Zusammenstellung von Ursachen und Folgen des Drogenmißbrauchs, um persönlich stellungnehmend zu diskutieren:

 Ursachen

Viele junge Leute greifen zum Rauschgift

wegen	persönlicher Enttäuschungen des Mangels an Liebe und Zärtlichkeit in ihrer Umgebung
aus	Langeweile Vereinsamung
weil	sie das Leben, das sie führen, als sinnlos ansehen sie nur geringe oder gar keine Zukunftsaussichten haben

Oft sind auch familiäre Probleme der Grund dafür, daß Jugendliche süchtig werden

| Eltern | sind gleichgültig und wollen ihre Ruhe haben
lassen ihren Ärger an den Kindern aus
haben Ehestreitigkeiten und Meinungsverschiedenheiten |

| Das Familienleben
wird in zunehmen-
der Weise zerstört | durch die Konsumabhängigkeit vieler Menschen
durch steigenden Alkoholkonsum
durch Fernsehmißbrauch |

In der Umwelt der Jugendlichen gibt es viele Einflüsse,
die zur Flucht in den Rausch führen

| Es gibt | nicht genügend oder gar keine Freizeitmöglichkeiten
keine Atmosphäre der Ruhe und des Vertrauens in überfüllten Schulen
nicht genug Lehrstellen für Schulabgänger |

| Viele
leiden
unter | Streß in der Schule oder am Arbeitsplatz
der Angst, ihren Arbeitsplatz zu verlieren
einem wachsenden Leistungsdruck |

 Folgen

| Wer
Drogen
nimmt | gerät in Abhängigkeit von Rauschmitteln
ruiniert seine Gesundheit
hat oft Entzugserscheinungen
kann an einer Überdosis sterben
isoliert sich von der Umwelt
wird unfähig, mit anderen Menschen Kontakt aufzunehmen
verliert die Kontrolle über sein Tun
begeht oft kriminelle Handlungen, um an Drogen zu kommen |

| Die Gesellschaft
eines Staates wird
belastet durch | eine Zunahme der Kriminalität
finanzielle Aufwendungen zur Versorgung Süchtiger
ein stetiges Ansteigen der Ausgaben für die Behandlung
Drogenkranker
den wirtschaftlichen Abstieg einzelner Suchtkranker und
ihrer Familien |

 Probleme und Aufgaben

Es muß versucht werden	die Ursachen für das Süchigwerden von Menschen zu erforschen diese Ursachen zu beseitigen
Es muß nach Mitteln gesucht werden	das Ansteigen des Anteils der Jugendlichen unter den Drogen- süchtigen zu stoppen das vorhandene Netz von Drogenhändlern zu zerreißen
Die Menschen müssen	lernen, daß Drogenabhängige Kranke sind, nicht aber verkommene, schlechte Menschen

Quelle: *Baukasten „Zoo"*, Schülerbuch, S. 42.

Verständigungsaufgaben als Simulationen

1. Diskutieren Sie aus Ihrer bisher vorliegenden Erfahrung die Folgen von Drogenmißbrauch auf das individuelle soziale Verhalten.

2. Diskutieren Sie die Reaktion anderer auf Drogenabhängige und hier besonders die Schwierigkeiten von Abhängigen, sich mit Hilfe oder gegen gesellschaftliche Institutionen von Drogen zu lösen.

3. Die gesundheitlichen Folgen von Drogenmißbrauch sind bekannt. Diskutieren Sie die individuellen und gesellschaftlichen Auswirkungen.

4. Sie sind der Meinung, daß über Drogenmißbrauch viel zu viel öffentlich geschrieben und geredet wird. Es gibt eine ganze Reihe wichtigerer Probleme, die zu lösen sind. Diskutieren Sie Ihre Position mit anderen.

5. Sie sind der Meinung, daß sowohl die Abhängigkeit von Drogen wie das von ihnen Loskommen eine Sache des Willens sind. Im Grunde sind Drogenabhängige an ihrem Schicksal selber schuld. Diskutieren Sie diese Haltung mit anderen.

6. Diskutieren Sie Maßnahmen gegen den Mißbrauch von Drogen und mögliche Hilfen für Drogenabhängige.

Quelle: *Baukasten „Zoo"* (Überarbeitung der Aufgaben: M. Krüger).

D 3.3

Mit weniger Hilfen als im vorhergehenden Beispiel kommt die folgende Aufgabe aus. Der Sprachlerner erhält Informationen über deutsche Wohnhäuser und ihre Ausstattung sowie die Eigentumsverhältnisse über Fotos, Bildunterschriften und Statistiken. Die Aufgabe heißt hier, zu beschreiben und zu vergleichen.

Wie die Deutschen wohnen

1
Alte
Fachwerk-
häuser in
Celle

2
Moderne
Wohnblocks
in der
Großstadt

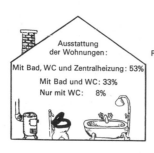

Ausstattung
der Wohnungen:

Mit Bad, WC und Zentralheizung: 53%

Mit Bad und WC: 33%

Nur mit WC: 8%

3
Alte
Arbeiter-
siedlung
im
Ruhrgebiet

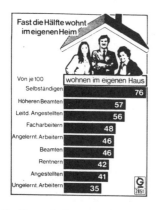

Fast die Hälfte wohnt
im eigenen Heim

Von je 100	wohnen im eigenen Haus
Selbständigen	76
Höheren Beamten	57
Leitd. Angestellten	56
Facharbeitern	48
Angelernt. Arbeitern	46
Beamten	46
Rentnern	42
Angestellten	41
Ungelernt. Arbeitern	35

4
Reihenhäuser,
wie man sie
überall
findet

— Wie sehen die Häuser in **Ihrem** Land aus?
— Wer hat bei **Ihnen** ein eigenes Haus?
— Wie "modern" sind die Wohnungen in **Ihrem** Land?

Quelle: *Deutsch aktiv*, Lehrbuch 1, S. 44.

D 3.4

Das nächste Beispiel geht von einer ganz anderen Textsorte aus, nämlich von Verkaufsanzeigen.
Der Verständigungsanlaß ist der Kauf eines Artikels aus den Anzeigen und eignet sich gut zum Agieren in – durch die eindeutige Situation – relativ festgelegten Diskursabläufen. Die Aufgabe heißt hier, mit einem Verkäufer über einen der angepriesenen Artikel, der zu dem angezeigten Preis allerdings nicht mehr im Geschäft ist, ein Gespräch zu führen. Das Gespräch soll bis zu einer negativen oder positiven Entscheidung geführt werden.

Als Hilfe können hier folgende Redemittel angegeben werden:

Ich möchte . . . haben.
Aus der Anzeige.
Aber das ist nicht, was ich suche.
Wieso: ist nicht vorhanden?
Das ist mir aber zu teuer.

Haben Sie nicht was anderes zum selben Preis?
Diese Farbe gefällt mir nicht.
Darf ich das mal anprobieren?
Nun, dann nehme ich . . . nicht.

136

Redemittel, die verstanden, aber nicht aktiv – z. B. in Rollenübernahmen im Unterricht – beherrscht werden müssen, können ebenfalls angegeben werden:

Verkäufer(in):
Kann ich Ihnen helfen?
Die . . . . aus der Anzeige sind leider
schon ausverkauft, aber wir haben da
noch andere.
Das ist ein Verkaufsschlager.
Aber die Qualität ist um so besser, dies ist
reine Schurwolle.

Nein, im Moment leider nicht.
Möchten Sie uni oder bedruckt?
Ja, natürlich, da ist die Kabine.
Das steht Ihnen aber gut.

Quelle: Ausarbeitung der Arbeitsgruppe Deutsch als Fremdsprache im Mavo-Projekt, Holland, 1979.

DAMEN

Pantolette, in Leder	ab	**12.90**
Freizeit-Slipper, Leinen	ab	**23.90**
Sandaletten, in Leder	ab	**23.90**
Sandaletten, in Leinen	ab	**29.90**
Sandaletten, in rotem Satin	ab	**49.90**
Jogginschuhe, in Jeansleinen	ab	**45.90**
Pantoletten, Wörishofener Fußbett	ab	**15.90**

Besonders günstig

Einzelpaare, **Damen Sling Pumps**, in echtem Leder	ab	**45.–**

HERREN

Sandalen, in Leder	ab	**39.90**
Halbschuhe, in Leder	ab	**50.–**
Sportschuhe, in Leder	ab	**50.–**
Stiefeletten, in Leder	ab	**85.–**

KINDER

Halbschuhe, in Leder	ab	**25.–**
Clogs, verschiedene Farben	ab	**12.90**
Turnschuhe von Romika, Art. Jolli bis Größe 35		**10.–**
Größe 36 bis 43		**12.–**

Quelle: *Wochenpost*. Das Anzeigenblatt mit der großen Auflage im Rhein-Taunus-Lahn-Gebiet. Taunusstein-Bad Schwalbach 3. 4. 1980.

Der Sprech-/Schreibanlaß im folgenden Beispiel ergibt sich aus dem Widerspruch von Text und Bildleiste. Aufgabe der Lernenden ist es, diese Widersprüche aufzudecken und die Darstellung zu berichtigen. Redemittel als Vorgabe können die Aufgabe erleichtern.

Liebe Olga, 15. 9.

ich habe Dir lange nicht geschrieben. Wir waren inzwischen verreist. Wir waren in Terremonsina. Das waren 4 herrliche Wochen. Wir sind diesmal mit der Eisenbahn runtergefahren. Das war sehr bequem und überhaupt nicht anstrengend.

Die Leute waren sehr nett. Wir haben uns unterhalten und diskutiert, obwohl wir keine Fremdsprache können. Wir haben mit Händen und Füßen geredet.

Terremonsina ist eine kleine Hafenstadt. Wir hatten dort eine ausgezeichnete Unterkunft, weil wir uns rechtzeitig angemeldet hatten. Ein wunderschönes Hotel direkt am Meer. Da war die Hitze nicht so groß. Im August ist es in dieser Gegend immer sehr heiß. Wir haben jeden Tag geschwommen, gut gegessen, viel Wein getrunken.

Abends sind wir immer in die Stadt gegangen und haben auf dem Markt Obst gekauft. Wir fanden besonders schön, daß es dort noch nicht viele Touristen gibt. Ihr müßt die Gegend auch mal kennenlernen!

Die Rückfahrt war wieder sehr schön, allerdings sehr lang; wir waren 26 Stunden unterwegs.

Wir haben Euch noch viel zu erzählen!

Auf bald und herzliche Grüße

Deine Jutta

Sie schreibt, ...	Aber .....
	In Wirklichkeit .....
	Das stimmt nicht .....
	Das ist nicht richtig .....
Während sie schreibt, ...	hatten/waren sie (tatsächlich/in Wirklichkeit) .....

Quelle: *Deutsch aktiv*, Lehrbuch 2, S. 131.

Auf den Rollenkarten werden die einzelnen Rollen beschrieben. Das Spiel wird über die Äußerungen der abgebildeten Personen und die Sammlung der Redemittel (unten) vorbereitet.

Ich will endlich das tun, was _ich_ für gut halte!

" .... "

Unsere Städte sind kinderfeindlich!

Man muß den berufstätigen Müttern helfen. Es fehlen Halbtagsstellen.

Warum soll ich heiraten, wenn ich auch _so_ alles habe?!

Die Wohnungen sind zu klein und zu teuer.

Auto, Fernseher und Urlaub sind wichtiger als Kinder.

Jeder Mensch braucht einen Partner, zu dem er gehört.

Immer weniger Kinder — und wer sorgt dann für uns?!

Warum bleiben denn die Männer nicht zu Hause und lassen die Frauen zur Arbeit gehen?!

Die Bundesrepublik ist sowieso zu dicht bevölkert!

Wenn man Kinder will, soll man auch heiraten.

Sie sind berufstätig. Sie haben 3 Kinder. Sie haben nie Zeit. Ihre Familie ist zu groß. Sie wollen Ihren Beruf nicht aufgeben. Sie wollen eine Halbtagsstelle.

Sie haben einen interessanten Beruf. Sie haben Erfolg. Sie sind gerade 30. Sie haben einen festen Freund. Sie wollen jetzt noch keine Kinder haben. Sie wollen Reisen machen.

Sie haben gerade geheiratet und sind sehr glücklich.

Sie haben aufgehört zu arbeiten. Sie haben nicht viel Geld und keine große Wohnung. Aber das ist nicht so wichtig.

Sie finden die traditionelle Verteilung der Rollen zwischen Mann und Frau schlecht. Warum soll ein Mann nicht kochen, putzen, die Kinder erziehen?! Sie finden, daß der Staat mehr für die Kinder tun muß. Weniger Kinder: Das ist kein Fehler!

Was meinen _Sie_ selbst?

?

Ü 1 Wer denkt oder sagt was?

Ü 2 Machen Sie ein Diskussionsspiel!

Meiner Meinung nach sind Städte kinderfeindlich.	Ich glaube auch, daß . . . . .
Ich glaube, daß jeder Mensch einen Partner braucht.	Ja, aber . . . . .
Wahrscheinlich sind die Wohnungen zu teuer.	Das schon, aber . . . . .
Vermutlich ist die Bundesrepublik zu dicht bevölkert.	Das ist richtig, aber . . . . .
Vielleicht haben wir zu wenige Halbtagsstellen.	Das glaube ich nicht, denn . . . . .
	Sie sagen, daß . . . . Aber . . . . .
	Andrerseits ist/sind . . . . .

Quelle: _Deutsch aktiv_, Lehrbuch 2, S. 16.

Ein Rollenspiel, das den Verständigungsanlaß ,,Sich über fehlerhafte Ware beschweren" zur Grundlage hat, geht von Fakteninformation über die Rechte von Kunden aus. Redemittel werden hier nicht vorgegeben.

Recht im Alltag

Der Pullover hat einen Fehler.

Ich will mein Geld zurückhaben!

Sie müssen den Pullover zurücknehmen!

Warum haben Sie nicht aufgepaßt?

Nein, das geht nicht!

Das kann ich nicht machen. Sie haben den Pullover gekauft!

---

1. Der Verkäufer (das Geschäft) muß eine neue Ware zurücknehmen und das Geld bar zurückgeben, wenn die Ware einen Fehler hat.

ODER

2. Der Verkäufer muß dem Kunden (Käufer) einen Preisnachlaß (Rabatt) geben, wenn der Kunde die fehlerhafte Ware behalten will.

ODER

3. Der Verkäufer muß dem Kunden eine neue Ware geben, wenn die zuerst gekaufte neue Ware einen Fehler hat. Der Kunde muß dann die erste Ware zurückgeben.

ODER

4. Das Geschäft muß die neue Ware kostenlos reparieren, wenn der Kunde damit einverstanden ist.

Die Garantiezeit für eine Ware beträgt mit oder ohne Garantieschein immer 6 Monate.

LESEN SIE BITTE UND SPIELEN SIE DIE SZENE!

Quelle: *Deutsch aktiv*, Lehrbuch 1, S. 92.

Zur praktischen Arbeit mit der Übungstypologie

Gerhard Neuner
Lehrwerkanalyse und Lehrwerkbearbeitung

1. Lehrwerkanalyse anhand des Übungsteils[1]

a) Aus der Art der Übungen kann man einen viel sichereren Rückschluß auf die Zielsetzung eines Lehrwerks ziehen als es sämtliche ,,Bekenntnisse" der Autoren im Lehrerhandbuch zu leisten vermögen. Was z. B. ,,Befähigung zur Kommunikation" heißt, welche Vorstellungen die Autoren von fremdsprachlicher Kommunikation haben, läßt sich aus den Übungen sehr deutlich ablesen. (Vgl. dazu die Beispiele ,,Turnstunde" im einführenden Beitrag ,,Zum Wandel der Prinzipien . . . ", S. 7). Mit Übungen sollen ja die ,,Feinziele" eines Lernprogrammes in kleinen Schritten erreicht werden. Übungsformen im Fremdsprachenunterricht werden nach den für die jeweilige ,,Methode" geltenden Prinzipien gebildet. Bestimmte Übungsformen verweisen deshalb präzise auf ihre Herkunft als Arbeitsformen der jeweiligen Wissenschaft (z. B. pattern drill und Substitutionstabelle auf Strukturalismus bzw. Behaviourismus).

b) Der Übungsteil in einem Lehrwerk läßt den erfahrenen Lehrer aber auch relativ rasch erkennen, ob er mit dem Buch einen lebendigen oder langweiligen, einen abwechslungsreichen oder nur sturen Unterricht gestalten kann. Gerade der Übungsteil ist deshalb für die konkrete Unterrichtsgestaltung entscheidend. Der erfahrene Lehrer weiß auch, daß *das Lernprogramm nicht schon der Unterricht selbst* ist. Lehrwerkautoren sind im Normalfall keine ,,pädagogischen Hellseher", d. h. sie kennen die besonderen Probleme einer ganz bestimmten Lerngruppe nicht, sondern stellen sich – wenn überhaupt – auf eine ,,Durchschnittsgruppe" ein (die es in der Unterrichtsrealität nicht gibt!) Gerade der Übungsteil eines Lehrwerks muß dem Lehrer ,,Spielraum" geben, damit er das Programm an die speziellen Bedürfnisse seiner Lerngruppe anpassen kann. Er soll seine Handlungsfreiheit erweitern, nicht einengen!

---

[1] vgl. dazu: G. Neuner: ,,Lehrwerkanalyse und -kritik als Aufgabenfeld der Fremdsprachendidaktik – zur Entwicklung seit 1945 und zum gegenwärtigen Stand", in: ders. (Hg.): *Zur Analyse fremdsprachlicher Lehrwerke*, Frankfurt 1979, S. 5–39.

2. Lehrwerkbearbeitung

Da die meisten der gebräuchlichen Lehrwerke an der Grammatikprogression orientiert sind und diese in der Gestaltung der Einführungstexte (= Input-Texte) festgelegt ist, würde ein Eingriff in die Texte das ganze Planungsgefüge eines Lehrwerks entscheidend verändern. Für den Lehrer kommt deshalb die Neufassung der Texte normalerweise nicht in Frage. Dagegen bieten sich vielfältige und schnell zu realisierende Möglichkeiten der Bearbeitung des Übungsteils. Über die Veränderungen der Übungsformen und -sequenzen lassen sich auch die Schwerpunktsetzungen der Einführungstexte verändern bzw. ,,umfunktionieren" (Input-Texte werden anders als im Programm vorgesehen verwendet und ausgewertet).

Die ,,Übungstypologie" bietet Ihnen dazu die nötigen Kriterien und das Instrumentarium. Die Übungssequenzen (von A – zu B – zu C – zu D) sind als didaktisch begründbare Stufen des Aufbaus fremdsprachlicher Kompetenz angelegt.

Stellen Sie z. B. bei der Analyse eines Lehrwerkkapitels mit Hilfe der ,,Übungstypologie" fest, daß fast nur B-Übungen vorkommen, dann läßt sich daraus schließen, daß das Ziel des Unterrichts das Einschleifen der neu eingeführten Satzbaumuster bzw. Einüben des neuen Wortschatzes ist; daß die Frage nach den Verwendungsmöglichkeiten zweitrangig ist gegenüber der korrekten Reproduktion vorgegebener Sprach*formen*; daß der Unterricht vorwiegend als Frontalunterricht ablaufen wird, da er *stark gesteuert* werden muß, und daß es wegen des Mangels an Abwechslung in der Übungsphase zu Ermüdungserscheinungen und Unlust bei den Lernenden kommen kann (Motivationsschwund, da der kreativen Phantasie zu wenig Spielraum gelassen wird!). Es läßt sich vermuten, daß die in den Texten angesprochenen Themen und Situationen nur als Vorwand zur Einführung der Grammatik bzw. des Wortschatzes dienen und nicht weiter ausgewertet werden. Und man kann davon ausgehen, daß in einem solchen Konzept ,,Anwendung" bedeutet, daß das neue Sprachmaterial von einer Situation in eine andere ,,transferiert" wird.

Im folgenden Beispiel wird eine Lektion eines audiovisuell konzipierten Lehrwerks anhand der ,,Übungstypologie" analysiert und dann bearbeitet. Dabei muß wohl nicht gesondert betont werden, daß das Beispiel nicht ausgewählt wurde, um ein bestimmtes Buch zu kritisieren. Das Beispiel verweist vielmehr auf die Stärken und Schwächen von Lehrmaterial, das nach den Prinzipien der audiovisuellen Methode gestaltet wurde.

Da im Beitrag ,,Sozial- und Übungsformen im Fremdsprachenunterricht" im vorliegenden Buch der *Verständigungsanlaß* ,,Jemand hat Geburtstag" beschrieben und nach sprachlichen Tätigkeiten aufgegliedert ist, wurde eine Lektion gewählt, in der das Thema ,,Geburtstag" im Mittelpunkt steht.

Heute ist der sechzehnte April, Inges Geburtstag. Es ist erst halb sieben Uhr, und sie liegt natürlich noch im Bett. Plötzlich klopft es an die Tür.
,,Ja, herein . . ."
,,Morgen, Inge – gratuliere zum Geburtstag!"
,,Danke! – Was hast du denn da?"
,,Nicht so neugierig, bitte! Hier ist ein Geschenk für dich – oder wenigstens ein Stück davon!"
,,Gib her! (Sie öffnet das Päckchen.) Du hast mir ja nur Papier geschenkt!"
,,Bestimmt nicht!"
,,Doch! . . . Nein, hier ist ein Briefumschlag!" – Was steht denn da? Heinz, sei nett und mach Licht, es ist noch zu dunkel. Danke! –

Also: ‚Liebe Inge! Jetzt hast Du den ersten Brief gefunden; den zweiten findest Du hinter einem Bild im Wohnzimmer!'"
„Na, los du!"
„Nein, ich mag nicht!"
„Ein wenig Herumlaufen am Morgen ist sehr gut für deine Figur! Du mußt dein Geschenk selbst finden!"
„Und das nennt man Geburtstag! Wo ist mein Morgenrock? (Inge steht auf, zieht den Morgenrock an und geht ins Wohnzimmer.) Hier nichts . . . auch hier nichts . . . hier ist wieder ein Brief: ‚Liebe Inge! Jetzt hast Du den zweiten Brief gefunden; der dritte liegt auf dem alten Sessel im Keller!' – Im Keller! – Ja, warum nicht! Jetzt muß ich auch noch Schuhe anziehen. (Sie geht die Treppe hinunter in den Keller.) – ‚Liebe Inge! Jetzt hast du den dritten Brief gefunden; der vierte liegt auf dem Fußboden unter dem Teppich im Flur.' – Also die Treppe wieder hinauf! Sag mal, Heinz, hast du nicht am 21. Juni Geburtstag?"
„Warum . . .?"
„Das wirst du später erfahren!" (Inge läuft die Treppe hinauf und geht in den Flur. Jetzt kommt Herr Seitz aus dem Schlafzimmer.)
„Hört mal, Kinder – was macht ihr denn für einen Krach? Es ist doch erst halb sieben . . ."

„Heinz ist schuld, Vati – schau mal hier, den Brief!"
„Liebe Inge! Hier ist der vierte Brief; der fünfte hängt an der Wand über dem Spiegel im Badezimmer.' – Was soll denn das, Heinz?"
„Schönen guten Morgen, Vati – sie hat ja heute Geburtstag! Hast du das vergessen?"
„Ich gratuliere dir herzlich, Inge! Aber unser Geschenk gibt's erst um sieben Uhr!" (Er geht wieder ins Schlafzimmer zurück.)
(Inge geht ins Badezimmer und holt den Brief.)
„Wohin hast du nun den nächsten Brief gelegt?"
„Der sechste Brief steht zwischen den Tellern im Küchenschrank!"
(Sie läuft in die Küche.)
„Und jetzt: der siebte Brief liegt neben der Lampe in meinem Zimmer."
„Heinz, in wessen Zimmer? In deinem oder in meinem?"
„Wer hat denn den Brief geschrieben?" „Du natürlich! Also in deinem Zimmer." „Ja, hier liegt er: ‚Jetzt hast du den siebten Brief gefunden; Dein Geschenk findest Du in Deinem Bett!') (Sie findet das Päckchen.) – Nein, Heinz, das ist aber nett von dir! Ein Lippenstift – und Nagellack! Vielen herzlichen Dank!"

Quelle: Schulz, Griesbach, Lund: *Auf deutsch, bitte!* München (Hueber) 1969, 3. Aufl. 1973, S. 63 f.

Aufbau der Lektion 19 im Schülerbuch

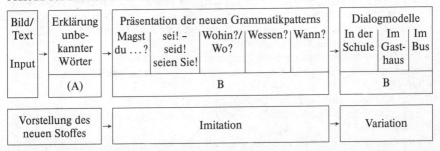

Im *Lehrerheft* (S. 44/45) wird die Verwendung folgender *Ergänzungs*materialien empfohlen:
Bildkarten – Sprechübungen (Tonband+Textheft zu den Sprechübungen) – Übungsheft mit schriftlichen Übungen.
Daraus ergibt sich folgender *Unterrichtsablauf* (mit Verweis auf die Übungstypen gemäß den Stufen A/B/C/D der Übungstypologie):

Die Analyse des Lektionsaufbaus und des Unterrichtsablaufs läßt eine Reihe von *Merkmalen der Übungsphase der audiolingualen Methode* erkennen:

– Verstehens*hilfen* (A) werden – wenn überhaupt – in der Form von Erläuterungen des unbekannten Wortschatzes gegeben.

– An den Text wird eine Aufgabe zur Verstehens*kontrolle* – meist in der Form der textbezogenen oft schriftlich fixierten Fragen (C) angeschlossen. Da die Antworten frei bzw. nach dem Gedächtnis formuliert werden müssen, sind insbesondere schwächere Schüler oft überfordert. Im vorliegenden Beispiel warnt das Lehrerhandbuch ausdrücklich vor dieser Gefahr: ,,Das Verständnis wird bei einem Gespräch zwischen Lehrer und Klasse gesichert. Der Lehrer muß allerdings darauf achten, daß die Fragen so gestellt sind, daß auch schwächere Schüler am Gespräch teilnehmen können. Sobald der Lehrer feststellt, daß auch die schwierigeren seiner Fragen von den Schülern beantwortet werden, sollte er versuchen, ein Gespräch zwischen den Schülern in Gang zu bringen (ein Schüler stellt mit Hilfe des Lehrers Fragen an seine Mitschüler)." (S. 44).

– Die Übungen sind stark steuernd angelegt und zielen auf die korrekte Reproduktion formalsprachlicher Lernpensen durch Vorgabe von *patterns* (B) von Bildern (B oder B/C).

– Die Konzentration auf die formal korrekte Reproduktion des vorgegebenen Sprachmodells in den *Sprech*übungen wirkt auf die Dauer ermüdend und motivationshemmend.

– Übungen, die vom Schüler Phantasie und freie sprachliche Ausgestaltung in der Übernahme von Rollen (C) erfordern, sind selten.
Im vorliegenden Beispiel werden dazu – fakultativ bleibende – Anregungen gegeben.

– Übungen, in denen der Schüler als er selbst (nicht in der Übernahme fiktiver Rollen) sich zu den im Text angesprochenen Sachverhalten äußert, d. h. den Verständigungsanlaß ,,ernst nehmen" soll (D), fehlen weitgehend.

Variante 1: Bearbeitung des Übungsteils einer Lektion

Stufe A: Übungen zur Vorbereitung und Sicherung des globalen Textverständnisses

Der Text enthält zusätzlich zu den Grammatikstrukturen ca. 20 neue Wörter
(. . . klopft an die Tür; das Geschenk; wenigstens; geschenkt; steht; mach Licht; mag;
das Herumlaufen; die Figur; das nennt man . . .; der Sessel; der Keller; die Treppe;
der Spiegel; gratulieren; zwischen den Tellern; nett von dir [Schülerbuch, S. 64]).
Angesichts der relativ vielen neuen Wörter, die unverbunden nebeneinanderstehen,
muß die Aussage im Lehrerhandbuch (S. 39), es mache ,,. . . den Schülern keine
Schwierigkeiten, ab Abschnitt 19 rein audio-oral zu arbeiten, d. h. den Text hörend
zu verstehen", doch mit einem Fragezeichen versehen werden, vor allem, wenn man
berücksichtigt, daß das beigefügte Situationsbild ,,nicht mehr unmittelbare Verständ-
nishilfe" (S. 44) ist. Ohne größere Schwierigkeiten werden vermutlich nur die
,,guten" Schüler, die bis zum Abschnitt 19 *alles gelernt haben und alles parat haben,
was die Grammatik- und Wortschatzprogression des Lehrwerks vorsieht,* den Text
verstehen. Für die ,,lernschwachen" Schüler dagegen bieten sich voraussichtlich mas-
sive Verstehensschwierigkeiten, vor allem auch dann, wenn der Lehrer ,,das Verständnis nun fast völlig durch Erklärungen auf deutsch" (Lehrerhandbuch S. 44) zu
sichern versucht.

Mir scheint eine vorbereitende Wortschatzarbeit, die auf das Thema *global* bezogen
ist und dem einzelnen Schüler Gelegenheit gibt, *sein Vorwissen* in einem sinnvollen
Zusammenhang zu aktivieren, im vorliegenden Fall mehr Erfolg zu versprechen.
Betrachtet man den neuen Wortschatz genauer, dann stellt man fest, daß viele der
Schlüsselwörter sich um zwei Wortfeldkerne gruppieren: ,,Haus/Wohnungseinrich-
tung" und ,,Geburtstag". Es empfiehlt sich deshalb, beide Wortfelder durch *advanced organizers* systematisch zu erfassen.

*1. Schritt: Wortfelder zu Schlüsselbegriffen ,,Haus/Einrichtung" und ,,Geburtstag" an-
legen*

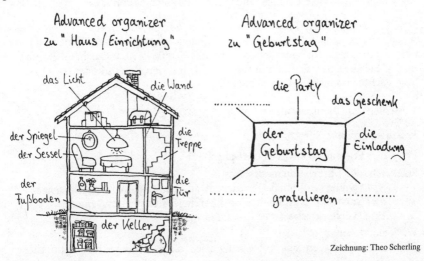

Zeichnung: Theo Scherling

145

2. Schritt: Arbeit mit Schlüsselwörtern
Inge: heute Geburtstag; liegt noch im Bett;
Heinz, ihr Bruder: gratuliert → ein Geschenk: ein Päckchen

	Wo?	
der zweite Brief =	im Päckchen	
der dritte Brief =	hinter einem Bild	im Wohnzimmer
der vierte Brief =	auf dem Sessel	im Keller
	auf dem Fußboden	
	unter dem Teppich	im Flur
der fünfte Brief =	an der Wand	
	über dem Spiegel	im Bad
der sechste Brief =	zwischen den Tellern	im Küchenschrank
der siebte Brief =	neben der Lampe	im Wohnzimmer
das Geschenk =		in Inges Bett

Diese Anordnung der Schlüsselwörter verdeutlicht das (reihende) *Erzähl-schema* der Geschichte (und zugleich ihren Schematismus: es entstehen zwei pattern drills zu ,,Ordnungszahlen" und ,,Ortspräpositionen mit Dativ"!) Mit Hilfe dieses Schemas ist es sicher auch den ,,lernschwachen" Schülern möglich, den Gang der Geschichte in der Hörphase zu verfolgen.

Stufe B: Übungen zur Grundlegung der Kommunikationsfähigkeit
Im Bereich der Übungen mit stark steuerndem Charakter liegt eindeutig der Schwerpunkt der Übungsformen der audiovisuellen Methode. Die Analyse des Lektionsaufbaus und des Unterrichtsablaufs zu Abschnitt 19 macht dies deutlich. Es ist nicht nötig, das breit angelegte Übungsangebot zu erweitern. Eher ist eine gezielte Auswahl im Hinblick auf besondere Lerndefizite der Klasse angebracht, da zu viele Übungen der Phase B die Schüler ermüden.

Stufe C: Übungen zur Entwicklung der Kommunikationsfähigkeit
Ansätze zu sprachlich freieren Übungen finden sich im Lehrwerk in den Hinweisen auf Transfermöglichkeiten (,,In der Schule"; ,,Im Gasthaus"; ,,Im Bus"). Sie beziehen sich alle auf die Arbeit mit den Präpositionen zu Orts-bzw. Richtungsangaben (Wo? Wohin?).

Vorschläge zu Übungsansätzen:

1. Ausgangspunkt: Sprechabsichten

Beispiel 1: Fragen, wo etwas ist (Ortsangaben)
Spiel: Ich sehe was, was du nicht siehst.
    Ein Schüler wird hinausgeschickt. Dann wird ein Buch im Klassenzimmer versteckt. Der Schüler wird hereingerufen. Er muß raten, wo das Buch versteckt ist. ,,Ist es auf/hinter/unter . . .?"
Wo jemand wohnt.
Die Schüler befragen sich gegenseitig nach dieser Adresse und erklären ggf.

anhand eines Stadtplanes, wo sie wohnen.

Wo ein Platz/ein Gebäude in der Stadt ist.
Wegbeschreibung von der Schule aus mit Hilfe des Stadtplans.

Beispiel 2: Fragen/sagen, wohin etwas gehört

1. Eine Wohnung

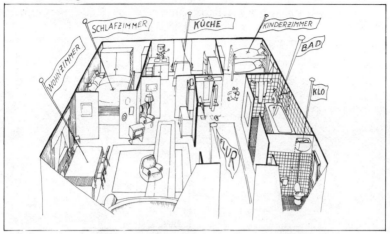

2. Umzug Frau Müller zieht um. Murro möchte ihr helfen. Aber er macht alles falsch!

Er stellt	das Bett von Hans	ins	Wohnzimmer!
Er bringt	den Herd	ins	Schlafzimmer!
Er trägt	die Schultasche	ins	Klo!
	den Kleiderschrank	ins	Bad!
	den Fernseher	ins	Kinderzimmer!
	die Betten	in den	Flur!
	die Spielsachen	ins	Wohnzimmer!
	die Couch	in den	Abstellraum!
	den Küchenschrank	ins	Schlafzimmer!
	die Sessel	ins	Bad!
	den Tisch	in den	Flur!
	das Geschirr	ins	Schlafzimmer!
	die Kleider	ins	Wohnzimmer!

Da kommt Hans nach Hause.
Er ruft: „Murro, du bist ja verrückt! Das Bett gehört doch ins
Schlafzimmer, die Spielsachen
müssen ins Kinderzimmer,

„...

....!"

Viele Sachen stehen auch noch
auf der Straße. Ein paar Freunde
von Hans kommen und helfen.
„Wohin sollen wir die Stehlampe
tragen?" — „Ins Wohnzimmer!"

„............. ....

....

....!"

Quelle: Neuner, Mellinghaus, Schmidt: *Deutsch in Deutschland – NEU,* Band 1, S. 94.

2. *Ausgangspunkt:* Thema

In der Übung ,,In der Schule" (Lehrbuch, S. 65) wird die Situation (der Ort der Handlung), nicht aber das Thema ,,Geburtstag" gewechselt.

Ansatzpunkt: der Lehrer/ein Mitschüler hat Geburtstag
Übungsansätze: Was soll man ihm/ihr schenken?
Wie soll man den Geburtstag feiern?
Arbeit mit einem Situationsbild

Bildbeschreibung
in Gruppen ,,Gespräche am Geburtstagstisch"
ausdenken und aufschreiben; dann vorspielen!
Quelle: Neuner, Mellinghaus, Schmidt: *Deutsch in Deutschland – NEU,* Band 1, S. 115.

3. *Ausgangspunkt:* Überlegen, wie man die neuen Strukturen/den neuen Wortschatz ,,in die Klasse holen" könnte.

Übungsansätze:
– Präpositionen mit Ortsangaben:
Versteckspiel: ,,Ich sehe was, was du nicht siehst." (vgl. 1. Sprechabsichten, Beispiel 1)
– ,,wessen": (in der mündlichen Umgangssprache wird ,,wessen" kaum mehr verwendet!)
Ratespiel: jeder Schüler gibt ein Pfand ab. Der Lehrer beschreibt es und fragt: ,,Wem gehört das Ding?"
– ,,Wann . . .?"
Stundenpläne: Wann ist Turnen/Deutsch usw.?
Stundenpläne deutscher Schüler mit den eigenen Stundenplänen vergleichen: Was ist gleich? Was ist anders? (= D-Übung).
– Imperativ
Mit den Schülern anhand von Beispielen aus dem Deutschen die Unterschiede zwischen höflicher Bitte (,,Gib mir bitte . . .") und barscher Aufforderung ([,,Gib sofort das] Buch her!") besprechen und üben.
– ,,Magst du . . .?"
Tauschen: ,,Magst du mein . . .?" – ,,Ich möchte dein . . ."
Fragen, was jemand gern ißt;

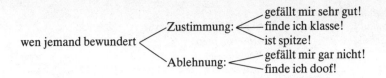

wen jemand bewundert

Zustimmung:
- gefällt mir sehr gut!
- finde ich klasse!
- ist spitze!

Ablehnung:
- gefällt mir gar nicht!
- finde ich doof!

Stufe D: Übungen zur freien Sprachverwendung

Eine Reihe von Übungen, die zur Stufe C skizziert wurden, wenden sich direkt an den Schüler und bereiten auf diese Weise Übungen zur freien Meinungsäußerung vor. Es ist wichtig, daß der Schüler auch schon im Anfangsunterricht lernt, mit den wenigen fremdsprachlichen Mitteln, die er zur Verfügung hat, „sich ins Spiel zu bringen".

Weitere Übungsansätze:
- Was schenkt man im eigenen Land zum Geburtstag?
- Wie feiert man in Deutschland/im eigenen Land Geburtstag?
  Welche anderen persönlichen Feste werden gefeiert (Namenstag)?
- Wie finden die Schüler den Lektionstext? Mit einer „mutigen" Klasse könnte man einen eigenen Lektionstext verfassen bzw. das Gespräch zwischen Inge und Heinz neu verfassen!

Variante 2: Alternative Planung zum Lehrbuch

Eingehen auf das Thema der Lektion

Während der Lehrbuchtext *eigentlich* von einem Grammatikpensum ausgeht (Orts- und Richtungspräpositionen; Ordnungszahlen) – das macht die Strukturanalyse des Textes deutlich –, müßte man bei einer Unterrichtsplanung, die den Fremdsprachenerwerb nicht nach formalen, sondern nach *funktionalen* Kriterien plant, von der Frage nach der Struktur des jeweiligen *Verständigungsanlasses/Themas* ausgehen: Wie kommt Sprache beim „Geburtstag" ins Spiel?

Im Beitrag „Sozial- und Übungsformen . . ." (S. 29 ff.) werden eine Reihe von Verständigungsanlässen anläßlich des Themas „Geburtstag" genannt:
- Jemandem gratulieren (mündlich oder schriftlich).
- Auf eine Gratulation (mündlich oder schriftlich reagieren).
- Ein Geschenk übergeben / sich für ein Geschenk bedanken / Freude über ein Geschenk ausdrücken.
- Jemanden fragen, wann er Geburtstag hat / die Antwort verstehen.
- Sagen, wann man Geburtstag hat.
- Besprechen, was man jemandem schenken könnte / die Geburtstagsfeier planen.
- Jemanden fragen, was er sich zum Geburtstag wünscht.

Die folgende Sequenz ist als *Modell* eines *Bearbeitungsvorschlages* zum *themenorientierten Unterricht* zu verstehen. Sie ist keine Lehrbuchlektion. Selbstverständlich wäre es nicht sinnvoll, zu *allen* im Modell angeführten „Stationen" A-, B-, C- und D-Übungen durchzuarbeiten. Der Lehrer wird immer Schwerpunkte setzen. Selbstverständlich sind zu diesem Thema vielfältige Varianten des Einstiegs und der Entwicklung von Übungssequenzen denkbar.

Thema: ,,Geburtstag"
Verständigungsanlaß 1:   Wer hat wann Geburtstag?
Wortfelder: Monatsnamen
    Wochentage
    Jahreszahlen
Grammatik: Ordnungszahlen (Datum)
Übungsformen vorwiegend aus der A/B-Phase (Einordnung; Lückentext und andere Ergänzungsübungen).

Verständigungsanlaß 2:   Wer wünscht sich was zum Geburtstag?
Wortfelder: Kleider
    Spielsachen etc.
    (dazu: A/B-Übungen)
Sprechabsichten: Wünsche/Pläne äußern
    Begründungen geben
    Für und Wider erörtern
    (Übungsformen aus dem Bereich C/D)

Verständigungsanlaß 3:   Die Geburtstagsfeier
Planung: Mündliche und schriftliche Einladung.
    Was brauchen wir zu essen/zu trinken?
    Was wollen wir spielen?
Durchführung: Jemandem gratulieren.
    Jemandem ein Geschenk überreichen.
    Sich bedanken.
    Freude/Überraschung ausdrücken.

Übungsformen aus dem B/C-Bereich (z. B. Einladungskarte nach Stichwörtern schreiben; Einkaufen mit dem Einkaufszettel; Mengen und Maße berechnen; Spiele und Spielregeln beschreiben; Einübung unterschiedlicher Ausdrucksformen beim Gratulieren [Registerübung]; einen Gesprächsablauf anhand einer Bildergeschichte aufschreiben; Rollenspiele usw.).
Am sinnvollsten ist es natürlich, die Geburtstagsfeier nicht nur zu simulieren, sondern den Geburtstag eines Mitschülers/des Lehrers zum Anlaß einer ,,wirklichen Feier" im Deutschunterricht nehmen.
Vgl. als Modell: ,,Das Klassenfest" in: Neuner, Mellinghaus, Schmidt: *Deutsch in Deutschland – NEU,* Aufbaukurs (Band 2), S. 70–75.

Verständigungsanlaß 4:   Geburtstagsfeier in Deutschland und im eigenen Land (C/D-Übungen).
    Der Vergleich setzt voraus, daß landeskundliche Materialien zum Thema vorhanden sind.
    Sie müßten entsprechend aufbereitet werden.
    (Vgl. dazu das folgende Kapitel zur Aufbereitung authentischer Materialien.)

Verständigungsanlaß 5:   Wie das Thema ,,Geburtstag" im Lehrbuch behandelt wird (D-Übung).

Die Arbeit mit dem Lektionstext steht in dieser Sequenz am Ende, nicht am Anfang. Der Lehrer müßte sich fragen, ob es sinnvoll ist, den Text der Lektion 19 von *auf deutsch, bitte!* in der vorliegenden Form durchzunehmen. Bei den Übungen ist zu fragen, welche verwendbar sind und welche weggelassen bzw. ersetzt werden könnten.

Es ist sicher sinnvoll, gelegentlich mit den Schülern *über* den Lektionstext zu reden. Das betrifft sowohl die Auseinandersetzung mit dem Inhalt (z. B. den Gag der Geschichte) als auch das Erkennen der Gestaltungsprinzipien des ,,Lehrbuchtextes''. Der *advanced organizer,* der bei der ,,Arbeit mit Schlüsselwörtern'' zum Textverständnis eingesetzt wurde, macht deutlich, daß das Thema ,,Geburtstag'' eigentlich dazu dient, ,,Ordnungszahlen'' und ,,Ortspräpositionen mit Dativ'' systematisch darzustellen. Die Entscheidung für die Koppelung des Themas ,,Geburtstag'' mit einem anderen Grammatikpensum hätte sicher zu einer anderen Geschichte geführt!

Es geht bei solchen Gesprächen darum, daß die Schüler ,,hinter das Lehrbuch'' schauen lernen, d. h. erkennen, wie Lehrbuchtexte entstehen und warum in einer Lektion ganz bestimmte Lernpensen mit ganz bestimmten Übungsformen geübt werden.

Weitere Beispiele zu Lehrwerkanalysen finden Sie im Beitrag ,,Sozial- und Übungsformen . . . '', S. 29 ff.

Gerhard Neuner

Arbeit mit authentischen Texten[1]

Oft besteht die einzige Chance, die Arbeit im Deutschunterricht interessanter zu gestalten, darin, das Lehrbuch ganz wegzulegen oder teilweise durch authentische Materialien zu ergänzen.

Nicht jeder authentischer Text ist für den Unterricht geeignet. Nicht jeder Text wirkt allein schon dadurch motivierend, daß er ,,echt" ist. Andererseits ist aber auch kein authentischer Text zu schwer. Die Frage ist, *was* der Schüler an einem Text lernen soll (globales Verstehen des inhaltlichen Zusammenhangs; einzelne Details; jede Einzelheit?) und *wie* man ihm hilft, die gesteckten Ziele zu erreichen. Wenn Sie viel mit authentischem Material in Ihrem Unterricht arbeiten (z. B. im Konversationskurs der Mittelstufe; in Lesekursen; in Kursen, die schwerpunktmäßig auf landeskundliche Aspekte ausgerichtet sind), sehen Sie sich bitte ganz besonders intensiv die Übungen des A-Teils an, die Verstehenshilfen zu entwickeln suchen.

Für Textarbeit entscheidend ist nicht, daß Sie den Text durch die Angabe aller unbekannten Wörter ,,vorentlasten" (meist sind die unbekannten Wörter auch nicht die für das Textverständnis und den Sprachgebrauch wichtigen!), sondern daß die Lernenden allmählich *Strategien des Sich-Zurechtfindens in neuen Texten* lernen. Denn das ist es, was sie später, wenn Sie als Lehrer im ,,Ernstfall" des Sprachgebrauchs nicht mehr dabei sind, können müssen! Überlegen Sie dann weiter, auf welcher Stufe (B/C/D) Sie Schwerpunkte setzen wollen (Variationen von Übungen entwickeln!), fragen Sie sich jedoch immer, was der Lernende mit dem Text, den Sie verwenden, ,,machen" soll (mit einem Kochrezept ,,macht" man im ,,Normalfall" etwas anderes als mit einem Fahrplan oder einem Gedicht!) Das bedeutet: weil unterschiedliche Textsorten einen jeweils spezifischen ,,Sitz im Leben" haben, stehen sie auch in einem jeweils anderen Handlungskontext und geben deshalb auch Anlaß zu jeweils anderen Übungen.

Im Beispiel auf Seite 154 geht die Übungssequenz von *Leserzuschriften* aus. In der Bundesrepublik gibt es eine Reihe von Zeitschriften für junge Leute (von 13–19). In jeder dieser Zeitschriften berichten junge Leute in Leserbriefen von ihren Problemen. Meistens geht es um Liebe und Freundschaft, um Konflikte mit den Eltern oder Probleme in der Schule.

Der ,,Briefkastenfreund" der Zeitschrift sucht aus den Zuschriften einige aus, die abgedruckt und beantwortet werden.

---

[1] Zum Begriff der Authentizität im fremdsprachlichen Unterricht vgl. den Beitrag ,,Übungsabläufe . . . ", S. 17 ff.

Vater mag ihn nicht

Ich gehe seit drei Jahren mit meinem Freund. Er ist 18, ich bin 17 Jahre alt. Wir lieben uns über alles und wollen uns bald verloben. Er kommt gut mit meiner Mutter aus und ich mit seinen Eltern. Mein Problem ist mein Vater. Er ist immer dagegen, daß wir uns sehen, er ist gegen die Verlobung. Er schreit meinen Freund ohne Grund an, setzt ihn sogar manchmal vor die Tür. Mein Freund ist anständig, kommt aus gutem Haus und benimmt sich meinen Eltern gegenüber einwandfrei. Warum nur mag ihn mein Vater nicht? Und was kann ich tun, damit sich das ändert?

Klara

Darf er mir das verbieten?

Ich bin 15 Jahre alt, meine Mutter ist geschieden und hat einen Freund. Nun treffe ich mich seit einiger Zeit fast jeden Abend mit meiner Clique. Als ich meine Mutter fragen wollte, ob ich wieder zu meinen Freunden gehen darf, sagte sie, ich soll ihren Freund fragen. Er erlaubte es mir nicht. Er verbietet mir, die Wohnung abends zu verlassen, obwohl ich nicht länger als 20.30 Uhr weggehen würde. Darf er das?

Kerstin

Wenn ich im Bett an sie denke, kommen mir die Tränen

Mein Freund glaubt, daß ich einen guten Charakter habe. Ich bin ein ziemlich gutaussehender Bursche. Ich komme mir aber trotzdem immer so allein und verlassen vor.

Einmal hatte ich ein Mädchen, das ich ins Herz geschlossen hatte. Auf einmal aber schaute sie mich nicht mehr an, und da wußte ich, daß es aus war. Wenn ich ins Bett gehe und an sie denke, kommen mir die Tränen.

Ich glaube, mein Leben hat gar keinen Sinn mehr. Was soll ich denn dagegen tun? Wie kann ich das Mädchen auf mich aufmerksam machen, es einfädeln, daß sie mich liebt und ins Herz schließt?

Thomas, 15

Quelle: *Deutsch aktiv*, Lehrbuch 2, S. 68.

Ü 1: Wer sagt was?

Ich bin viel allein.	
Wir sind schon drei Jahre befreundet.	Kerstin
Ich bin ziemlich groß.	Klara
Ich bin ziemlich traurig.	Thomas
Mein Vater will nicht, daß ich meinen Freund treffe.	

Ü 2: Was steht in den drei Briefen?

Schreibe die wichtigen Wörter heraus und erzähle dann, welche Probleme Kerstin, Klara und Thomas haben.

Ü 3: Johanna D., 14 Jahre alt, schreibt einen Leserbrief, weil sie Rat braucht.

Sie hat sich auf einem Zettel aufgeschrieben, was unbedingt im Brief stehen soll:

Geburtstag feiern – Party mit Jungen – aus unserer Klasse – Eltern dagegen – mit den Eltern reden – aber wie?

Schreibe den Brief.

Die Briefkastenfreunde mancher Zeitschriften bekommen viel mehr Briefe als sie beantworten können. Eine Zeitschrift hat deshalb einen Computer, der alle Briefe beantwortet. Der Computer hat alle drei Briefe beantwortet; aber die Sätze sind durcheinander geraten.

EINS IST SICHER / DU WIRST MENSCHEN FINDEN, DIE DICH VERSTE-
HEN / DURCH SOLCHE ERFAHRUNGEN WERDEN WIR REIFER / KOPF
HOCH! / NUR NICHT SO SCHNELL DEN KOPF VERLIEREN / AUCH AUF
DICH WARTET JEMAND, DER SEIN LEBEN MIT DIR TEILEN MÖCHTE /
DANN WIRST DU WIEDER GLÜCKLICH SEIN UND LACHEN / KOMMT
ZEIT, KOMMT RAT / NUR NICHT DEN MUT VERLIEREN / JEDER VON UNS
HAT SOLCHE PROBLEME / ICH VERSTEHE DICH SEHR GUT / DU MUSST
AN DICH SELBER GLAUBEN! / VIELE JUNGE MENSCHEN HABEN DIE-
SELBEN PROBLEME / TROTZDEM! / ICH KANN DICH GUT VERSTEHEN /
ICH HABE LANGE ÜBER DEINE LAGE NACHGEDACHT / NUR DIE HOFF-
NUNG MACHT UNS ZU MENSCHEN / WIR SIND NIE SO ALLEIN, WIE WIR
DENKEN! / AUCH FÜR DICH KOMMT BALD DER RICHTIGE FREUND /
HERZLICH / DENK AN MICH / ICH BIN FÜR IMMER/!!! DEIN BRIEFKASTEN-
FREUND / BRIEFKASTENFREUND / BRIEFKASTENFREUND /

Versuche, aus den Sätzen die drei Briefe an Ulrike, Klara und Thomas zusammenzu-
stellen.

Ü 4: Welche Antwort würdest *Du* Ulrike, Klara oder Thomas geben?

M. Krüger

Unterrichtsplanung: Übungs- und Handlungssequenzen

An den Beispielen zur Stufe D der Übungstypologie wird deutlich, daß bei freier Verwendung der Fremdsprache und unter dem Anspruch ihrer tatsächlichen Verwendbarkeit außerhalb von Unterricht die Abläufe von Diskursen wenig steuerbar und vorherbestimmbar sind.

Im folgenden wird versucht, mögliche Verläufe vom stark gesteuerten Unterricht bis zur freien Verwendung der Fremdsprache aufzuzeigen, d. h. die Verknüpfung der Übungstypen A–D zu verdeutlichen. Diese Abläufe können hier nur sehr allgemein und relativ abstrakt beschrieben werden. Erst der Lehrer kann im konkreten Unterricht entscheiden, welchem Thema welche Übungen mit welchen Zielen zugeordnet werden. Dabei ist es wichtig, auch alternative Verläufe einzuplanen und deutlich zu sehen, daß – aus lernpsychologischen und inhaltlichen Gründen – eine Übung vom Typ A nicht unbedingt zu einer Aufgabe vom Typ D führen muß, oder, anders gesagt, daß die Gleichung Texteingabe = Textproduktion in dieser Verkürzung nicht stimmt.

1. Verzweigung in Handlungen

Das folgende Beispiel gehört zum Verständigungsbereich „einen Antrag stellen". Es impliziert eine Reihe landeskundlicher Informationen und verschiedene sprachliche Tätigkeiten.
Der Sprachlerner soll hier dazu kommen, einen Antrag schriftlich in einem kurzen Brief oder auf einem Formular stellen zu können. Ausgangspunkt ist die Textsorte Interview in einer Zeitung:

Unser Telefoninterview

Nachsenden der Post in der Urlaubszeit

„Postberatungsdienst, Wießner."
„Guten Tag, Herr Wießner. Am 25. Juli beginnen in Hessen die Sommerferien und damit die große Reisezeit. Was müssen Urlauber tun, um ihre Post in den Urlaub nachgeschickt zu bekommen?"
„Sie stellen einen Nachsendungsantrag. Das ist an jedem Postschalter oder beim Briefträger auf vorgedrucktem Blatt möglich. Der Antrag kann aber auch formlos abgefaßt sein."

„Was muß dieser Antrag enthalten?"
„Den Namen des Antragstellers und der mitreisenden Familienangehörigen. Die ständige Anschrift und die genaue Urlaubsadresse. Den Zeitraum der Nachsendung und den Hinweis, welche Postsachen nachgesandt werden sollen. Selbstverständlich darf die Unterschrift nicht fehlen."
„An wen ist der Antrag zu richten?"
„An das heimatliche Zustellpostamt. Der Antrag soll

spätestens drei Tage vor Urlaubsantritt vorliegen, damit Brief-, Paket- und Eilzusteller rechtzeitig unterrichtet werden können. Wir empfehlen, den Nachsendungszeitraum zwei bis drei Tage vor Urlaubsschluß enden zu lassen, damit nicht noch Post im Ferienort ankommt, während der Urlauber schon wieder heimische Gefilde erreicht hat."
„Wie teuer ist das Nachsenden?". . .
Quelle: *Dillpost*, 22. 7. 1977.

1. Schritt: Leseverstehen

Die Entnahme der wichtigsten Informationen geschieht mit Hilfe von A-Übungen. Je nach Lernstand und Lernziel – z. B. weniger betonte Wortschatzarbeit – kann auch direkt über eine C-Übung zum Schritt D übergegangen werden.
Die zur Weiterarbeit nötige Information ist folgende:

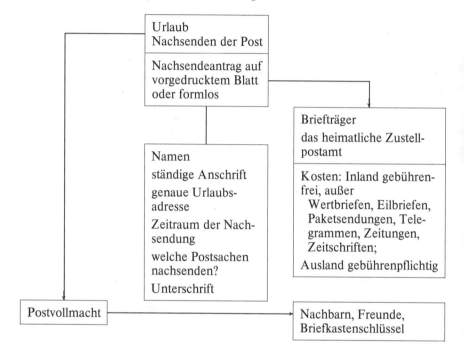

2. Schritt

Umwandeln der Textsorte Interview in ein kurzes Informationsblatt mit Anweisungen. Dazu werden die sprachlichen Mittel aus dem Text benutzt. Der Sprachlerner übt in diesem Schritt sowohl das spezifische Vokabular, das in diesem Verständigungsbereich benötigt wird, wie auch die Realisierungen der Sprechabsicht ,,Anweisung".

3. Schritt

Im dritten Schritt, der nicht notwendigerweise auch gleichzeitig die dritte Phase im Unterrichtsablauf darstellt, kann eine neue Textsorte produziert werden, indem ein Formular zur Nachsendung einer Zeitung ausgefüllt wird (s. S. 159).

4. Schritt

Je nach Lernstand und Unterrichtsziel kann mit Schritt 3 der Ablauf beendet werden, d. h. die sprachliche Tätigkeit ,,Formular nach Anweisung ausfüllen" entspricht bereits dem Typ D.
Bei fortgeschritteneren Lernern, die bereits komplexere Verständigungsaufgaben bewältigen können, kann der Ablauf bis zur Produktion der in dem Interview

Die Änderung gilt vom	bis	einschl. (oder ca.	Wochen)

Nachname: _____ Vorname: _____

Wohnort: _____ Ortsteil: _____

Straße: _____ Nr. _____

☐ *) Ich bitte um vorübergehende Einstellung der Lieferung ohne Nachsendung

☐ *) Ich bitte um Nachsendung an folgende Anschrift:

Hotel/Pension: _____

Straße: _____

PLZ: _____ Ort: _____

bei Ausland, Land: _____

☐ *) Die Nachsendung soll zusätzlich zu meinem Abonnement erfolgen, d. h. die Lieferung zu Hause wird dadurch nicht geändert.

*) Zutreffendes bitte ankreuzen.

Quelle: *Dillpost*, 22. 7. 1977

erwähnten Textsorte ,,Formloser Antrag" ausgedehnt werden. Hier sind zusätzlich die Merkmale eines formellen, an eine Behörde gerichteten Schreibens einzubringen. Dies kann gut in Gegenüberstellung zu vergleichbaren Vorgängen im Land des Sprachlerners erfolgen.

Alternativen
Einen ganz anderen Verlauf zeigt die Sequenz, wenn das Unterrichtsziel nicht das Schreiben eines formellen Briefes, sondern das telefonische Einholen von Information ist. Hierzu wird auf die Stelle im Interview zurückgegriffen, in der gesagt wird, daß das Nachsenden von Post ins Ausland gebührenpflichtig sei. Um – wie angeregt – Einzelheiten hierzu erfragen zu können, wird ein Telefongespräch simuliert.
Dazu müssen die Sprachlerner in der Lage sein,
– ein öffentliches Telefon zu benutzen (eventuell Text ,,Benutzung eines Münzfernsprechers" einbringen);
– ihre Absichten so auszudrücken, daß man sie weiterverbinden kann (formelhafte Redewendungen);
– ihr Anliegen vorzubringen (Verwendung der Informationen und der Redemittel aus dem Interview);
– die Auskünfte zu verstehen und schriftlich festzuhalten (Technik des Notizenmachens);
– sich zu bedanken und das Gespräch zu beenden (formelhafte Redewendungen).

Die so gewonnene Information kann dann in Form der während des Telefonge-
sprächs gemachten *Notizen* oder als *mündlicher Bericht* weitergegeben werden.

Das Schema der beiden alternativen Abläufe sieht dann so aus:

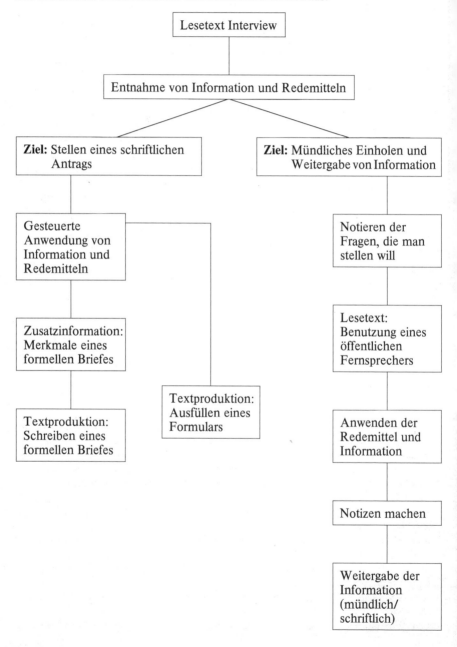

2. Verzweigung von Themen und Handlungen

Die Zielsetzung bei folgender Sequenz ist zunächst die, Informationen über Verkehrsverhalten in Deutschland zu erhalten und dann innerhalb des Verständigungsbereiches „Urlaubsfahrt" das Verhalten anderer und eigenes Verhalten zu diskutieren. Dabei werden verschiedene Textsorten miteinander verknüpft, die die Beherrschung jeweils unterschiedlicher Fertigkeiten und verschiedener Techniken (z. B. Notizen machen) erfordern. Die Abfolge von Übungstypen variiert entsprechend.

Mit der Veränderung der Aufgabenstellung in der Verzweigung der Sequenz auf die „Planung einer Wochenend-/Urlaubsfahrt in Deutschland" hin werden die Handlungsmöglichkeiten der Sprachlerner weniger gesteuert und damit erheblich erweitert.

1. Schritt

Hörverstehen von Verkehrsdurchsagen und dabei Notizen machen und eventuell mit einer Autokarte vergleichen. Das Notizenmachen ist hier zu Übungszwecken gerechtfertigt und sinnvoll, weil der Texttyp Verkehrsdurchsage einen hohen Schwierigkeitsgrad besitzt, obwohl er reine Fakteninformation enthält. Das liegt einmal an der hohen Sprechgeschwindigkeit, aber auch an der großen Informationsdichte. So ist z. B. herauszufinden, welche Straße/Autobahn in welcher Richtung gemeint ist, worin die Behinderung besteht, ob eine Umleitung empfohlen wird, wo die Autobahn verlassen werden muß, wo wieder aufgefahren werden kann und ob es spezielle Hinweise zu beachten gibt.

Die Kenntnis der Textsorte „Verkehrsdurchsage" wird als notwendige Information im 3. Schritt beim Verständnis des Interviews vorausgesetzt.

HR 3 – die Service-Welle aus Frankfurt
Autobahn A 3 Köln–Frankfurt, Richtung Köln:
Kurz hinter der Anschlußstelle Niedernhausen hat sich ein schwerer Verkehrsunfall ereignet. Die Autofahrer werden gebeten, vorsichtig an die Unfallstelle heranzufahren. Es kommt zu Behinderungen.

Die Autobahn Gießen–Kassel ist zwischen Homberg/Ohm und Alsfeld/West wegen Reparaturarbeiten bis voraussichtlich 12 Uhr in beiden Richtungen gesperrt. Die Umleitung in Richtung Kassel erfolgt von Homberg/Ohm über die U 27, in Richtung Süden ab Alsfeld/West über die U 18. Auf den Umleitungsstrecken, besonders in den Steigungen, kommt es zu Behinderungen.

Die Bundesstraße 251 ist bei Kassel zwischen Dörnberg und Rasenallee wegen eines Erdrutsches voll gesperrt. Die Umleitung in Richtung Kassel erfolgt über Ehlen–Wilhelmshöhe, aus Richtung Kassel über Weimar.

Stadtverkehr Frankfurt:
Durch Baustellen steht am Oberforsthaus stadteinwärts nur ein Fahrstreifen zur Verfügung. Dadurch kommt es auf der Mörfelder Landstraße und der Isenburger Schneise zu größeren Behinderungen. Verkehrsteilnehmer mit Ziel Frankfurt Innenstadt werden gebeten, auch die Otto-Fleck-Schneise mit zu benutzen.

Quelle: Hessischer Rundfunk, 3. Programm, 19. 7. 1977

Die Tätigkeit des Notizenmachens ist eine wichtige, auf andere Situationen übertragbare Technik. Hilfe kann hierbei folgendes Schema bieten:

	Ort/Strecke	Art der Behinderung	empfohlenes Verhalten
1.			
2.			
3.			

2. Schritt
Nach dem Hörtext folgen einige Lesetexte: Unfallberichte aus Zeitungen.

Vorfahrt mißachtet: sechs Schwerverletzte

Burbach - Holzhausen (mö). Auf der Kreuzung Flammersbacher Straße/ Landesstraße 730 in Burbach-Holzhausen stießen gestern nachmittag, kurz vor 17 Uhr, zwei Personenwagen zusammen, nachdem ein 35jähriger Fahrer die Vorfahrt nicht beachtet hatte. Der Unfallverursacher, seine Ehefrau und zwei Kinder wurden schwer verletzt in das Jung-Stilling-Krankenhaus Siegen eingeliefert. Der 23jährige Fahrer in dem anderen Pkw und seine Verlobte, die kommende Woche heiraten wollten, erlitten ebenfalls schwere Verletzungen und mußten ins Städtische Krankenhaus Siegen eingeliefert werden. An beiden Fahrzeugen entstand Totalschaden.

Am Wochenende 91 Verkehrstote

München (ddp). Auf den Straßen in der Bundesrepublik sind am vergangenen Wochenende bei Verkehrsunfällen mindestens 91 Menschen getötet worden. Das ergab am Montag eine Umfrage des Deutschen Depeschen-Dienstes (ddp) bei den Innenministerien der Bundesländer sowie Regierungspräsidien und Landespolizeibehörden. Die hohe Zahl von Verkehrsopfern führten die Behörden zum Teil auf den äußerst starken Reise- sowie Ausflugsverkehr zurück. Am Vorwochenende waren es 86 Verkehrstote gewesen.

Unfallserie nach dem Regen

Haiger/Dillenburg (mö). Zahlreiche Auffahrunfälle ereigneten sich gestern nachmittag, nachdem nach längerer Zeit Regen gefallen war, der die verstaubten Straßen in Rutschbahnen verwandelte. Im Raum Dillenburg kam es nach Auskunft der Polizei „zu einem guten halben Dutzend" Auffahrunfällen, wobei es jedoch bei Sachschaden blieb. Allein 10 000 Mark Schaden war die Bilanz eines Unfalls in Haiger, bei dem auf der Bundesstraße 277 kurz vor der Rodenbacher Kreuzung ein Lastwagen mit Hänger ins Schleudern geriet und gegen eine Hauswand fuhr. Einem Pkw, der gegen den Hänger prallte, fuhren zwei weitere Personenwagen auf. Glück im Unglück: Keiner der beteiligten Fahrzeuginsassen erlitt ernsthafte Verletzungen.

Zeugen gesucht

Dillenburg – Niederscheid (g). Eine böse Überraschung erlebte ein Autofahrer am späten Samstagnachmittag. Er hatte sein Fahrzeug an der Straße nach Oberscheid für etwa eine halbe Stunde abgestellt. Nach Rückkehr sah er einen verbeulten Kotflügel und rote Lackspuren an der hinteren Stoßstange. Nach Angaben der Polizei muß ein in Richtung Oberscheid fahrendes Auto den parkenden Pkw in der Zeit zwischen 17.45 und 18.15 Uhr gestreift haben. Sachliche Hinweise nimmt die Dillenburger Polizeistation entgegen.

Quelle: *Dillpost*, 20. 7. 77.

Nach dem Leseverstehen dieser Berichte (und evtl. entsprechender Spracharbeit) können die Ursachen von Unfällen durch falsches Verhalten im Straßenverkehr notiert werden. Dies geschieht in folgendem Schema:

Art des Unfalls	Folgen des Unfalls für		mögliche Probleme
	Personen	Sachen	

Zur Vorentlastung des folgenden, relativ schwierigen Hörtextes kann eine Anzeige des ADAC vorgeschaltet werden. Sie enthält bereits Information zum ADAC und themenspezifisches Vokabular zum Thema Straßenverkehr/Unfall. Der Text dient ausschließlich dem Leseverstehen.

Quelle: Anzeige des ADAC.

3. Schritt

Zur Erweiterung des allgemeinen Informationsstandes auf andere Aspekte des Themas und um die Verbindung von eigenem Verhalten und eventuellen Unfällen zu verdeutlichen, wird als nächstes der Hörtext „Gefahren im Urlaubsverkehr" eingegeben. Es handelt sich hierbei um ein Interview mit einem Sprecher des Allgemeinen Deutschen Automobilclubs (ADAC).

Die Gefahren des Urlaubsverkehrs

Reporter: Ein Thema, das uns in Hessen mit Ferienbeginn am nächsten Wochenende ganz besonders interessiert. Immerhin nahezu 60 % der Autourlauber rechnen mit Stauungen und Behinderungen, wenn sie in die Ferien fahren. Dies ergab jetzt eine Umfrage des ADAC unter Autofahrern, die auf einer der meist befahrenen Strecken der Tauernautobahn im Stau steckengeblieben waren. Ich bin jetzt verbunden mit Rudolf Hübner vom ADAC.

Herr Hübner, welche Fehler werden denn nun von den Urlaubern nach wie vor gemacht, wo sie ja nun Jahr für Jahr auf die Vermeidung verschiedener Fehler hinweisen?

Hübner (ADAC): Ja, das Erstaunlichste ist es, daß trotz aller Mahnungen sämtlicher Beteiligter im Verkehrsgeschehen . . . Rundfunk, Fernsehen und auch wir. 97 %, so hat die Umfrage ergeben, starten doch tatsächlich noch am selben Tag des Urlaubsbeginns, ohne sich darüber zu informieren, ob der Zeitpunkt überhaupt günstig ist. Viele werfen sich sogar gleich nach Büroschluß in ihr Auto und fahren Richtung Süden. Zahlreiche Automobilisten sitzen stundenlang hinter dem Lenkrad, ohne eine Pause zu machen. Wir haben einen von diesen Autotouristen befragt, und zwar in Golding an der dortigen Servicestation. Dieser Mann war also 26 Stunden durchgefahren und war beim Interview so erschöpft, daß er nachher nicht mehr weiterfahren konnte. Rund 35 % aller Autofahrer verlassen sich bei der Wahl ihrer Fahrtroute auf Empfehlungen von Freunden und mehr als 40 % nehmen automatisch die Autobahn, weil sie schnell und bequem ist. Nur etwa 20 % nehmen selbst eine Karte zur Hand und wählen danach die geeignetste Ferienstrecke aus.

Reporter: Werden, Herr Hübner, überhaupt diese Ferienfahrten ordentlich vorprogrammiert, ordentlich geplant? Am Urlaubsort ist ja meistens alles vorgesorgt, da hat man also eine Pension oder ein Hotel oder ein Ferienhaus und weiß, was einen erwartet, aber die Strecke bis dorthin, scheint mir, wird nicht so richtig vorgeplant.

Hübner: Das ist es. Vor allem informiert man sich fast gar nicht und wenn, dann nur unzureichend, welche Ausweichmöglichkeiten man überhaupt hat, um diesen Stau zu umfahren, dazu wäre a) mal ein gutes Kartenmaterial und b) im Autoradio . . . die Verkehrsmeldungen, um rechtzeitig diesen Staus, die ja pausenlos dann bekanntgegeben werden, noch abzufahren und auszuweichen. 20 % aller Autofahrer nehmen selbst eine Karte zur Hand und sehen die geeignetste Ferienstrecke, das ist . . . wenig, wobei man bemerken muß, daß wir ja schon am Anfang des jeweiligen Jahres darauf hinweisen . . . über die Weihnachtsfeiertage und und und . . . sich mal Gedanken über die Ferienstrecke zu machen und sich Kartenmaterial zu besorgen und sich mal die Strecke anzuschauen.

Reporter: Ja, zumal man ja immer sagt, die Vorfreude ist die schönste Freude, dann könnte man das ja alles schon theoretisch vorher immer . . . Was mich also verwundert, ist, daß 97 % – wie Sie vorher sagten – nach wie vor immer sofort am ersten Urlaubstag, also am ungünstigsten Zeitpunkt, losfahren. Ist da nicht irgendwie Besserung zu erzielen, daß irgendwie muß man doch durch Erfahrung klug werden.

Hübner: Ja, wir sind selber überrascht über das Ergebnis und auch zugleich enttäuscht, denn wir waren doch der Meinung, daß doch die ganzen Hinweise über das ganze Jahr gegeben werden von allen, die damit zu tun haben im Verkehr und Straße, daß diese Empfehlungen doch besser angenommen würden, aber leider haben wir nun die 97 % hier auf dem Tisch liegen, und wir müssen uns also weiterhin Gedanken machen, wie wir diese 97 % drücken können.

Reporter: Wie verhalten sich nun die Ferienfahrer während der Staus oder wenn sie auf der Straße sind, sind sie da wenigstens schon etwas gesitteter?

Hübner: Ja das ist von Fall zu Fall verschieden, bei heißem Wetter wird das Auto natürlich sofort verlassen und die Autobahn und die Wiesen daneben, das sieht manchmal aus wie nach der Schlacht von Waterloo, dagegen bei kühlerem Wetter bleiben sie meist im Auto und bleiben einigermaßen zivil, aber wenn es so heiß ist, ist es auch verständlich, Kinder im Wagen und und und und dann die lange Fahrtstrecke von – weiß woher – schon durchgefahren, daß die Leute zermürbt sind und oftmals gar nicht mehr das Auto . . . und rufen an und sagen: holt mich von der Autobahn, ich mag nicht mehr und bleibe hier stehen und bleib hier, irgendwo in Bayern meinetwegen, im Urlaub.

Reporter: Ja, hm, na, auf jeden Fall, Fazit Ihrer Untersuchung und unseres Gesprächs, die Urlauber sind völlig blind, wenn es darum geht, den Urlaub anzutreten.

Hübner: So ist es, ja leider.

Quelle: Südwestfunk, 3. Programm, 18. 7. 1977.

Da es sich um einen typischen Hörtext handelt, muß er auch als solcher dargeboten werden. Je nach Lernstand der Gruppe ist das Interview in Abschnitten, wiederholte Male in Abschnitten oder als Ganzes oder einmal im ganzen anzubieten. Es geht nicht darum, jedes Wort zu verstehen – das ist bei der überschnellen Sprechweise des Interviewten sowieso nicht möglich. Der Hörer soll zunächst nur verstehen, worum es allgemein geht und wer spricht: Hier sind A-Übungen zu benutzen. Danach – oder bei entsprechendem Lernstand gleichzeitig – geht es darum, die verschiedenen als „falsch" markierten Verhaltensweisen bei der Autofahrt in den Urlaub und die vorgeschlagenen Änderungen zu erfassen. Hierzu ist wiederum das Notizenmachen beim Hören nach folgendem Schema am besten geeignet:

Machen Sie Notizen zu:		
Vorplanung der Fahrt	Folgen des Verhaltens	Abhilfe
Verhalten in Staus	Folgen des Verhaltens	Abhilfe

4. Schritt

Daran kann sich eine C-Übung anschließen, um die bisher erhaltenen Informationen zu systematisieren und Sprachmittel zum Ausdruck von Kausalität zu reaktivieren. Das geschieht so:

Wenn Autofahrer	zu lange fahren,	dann sind sie übermüdet.
	lange Strecken nicht vorplanen,	dann . . .
Wenn ein Stau entsteht,		dann sollte man . . .

Weil	ein Autofahrer die Vorfahrt nicht beachtete,	gab es einen schweren Unfall.
Weil	...	gab es einen Unfall.
Weil	...	gab es mehrere Unfälle.

5. Schritt

Eine Möglichkeit, zur Sprachproduktion zu kommen, wäre hier das Umsetzen des Hörtextes Interview in einen kurzen Zeitungsbericht. Die Vorgabe von Stichworten nach dem Muster einer C-Übung kann hier sinnvoll sein.

6. Schritt

Bei Vorhandensein der entsprechenden Redemittel kann hier eine Stellungnahme und der Vergleich mit dem eigenen Verhalten in einer Diskussion erfolgen. Eine Redemitteltabelle nach dem Muster C 23.2 (S. 127) ist dabei nützlich.

Alternative

Mit der Weiterführung der ersten Sequenz wird die Möglichkeit zum selbständigen Handeln der Sprachlerner erweitert. Sie können nicht nur eigenes, d. h. nicht vom Lehrer vorgelegtes Material in den Unterricht einbringen, sondern auch den Verlauf der Sequenz und ihr Ergebnis weitgehend selbst bestimmen. Ziel ist hier, eine fertige Planungsskizze zum Verständigungsanlaß zu erstellen.

1. Schritt

In einem Gruppengespräch soll versucht werden, ein Ausflugsziel – in der näheren Umgebung von München – zu finden. Dazu sind die Vor- und Nachteile verschiedener möglicher Ziele zu erläutern.

2. Schritt

Nach der Entscheidung für ein Ziel geht es darum, einen Freund, der Autobesitzer ist, zum Mitfahren zu überreden. Hier wird ein Telefongespräch simuliert. Hierzu ist eine Gesprächskette vorzubereiten, die Redemittel des Überzeugens und Überredens enthält.

Gesprächskette

A   Sagen, daß man zum Wochenende etwas Bestimmtes plant
B   Interesse ausdrücken; Fragen, wer noch mitmacht
A   Angeben, wer noch mitmacht
B   Meinung ausdrücken (Gefallen/Nichtgefallen)
A   Zum Mitmachen/Mitkommen auffordern
B   Ablehnung/Nichtwollen äußern (begründet/unbegründet)
A   Vorteile des Mitmachens erklären
B   Zögern ausdrücken
A   Sagen, daß man etwas vom Gesprächspartner braucht (Auto), um das Vorhaben durchzuführen
B   Bedingungen des Mitmachens (z. B. Zeit, Ort) angeben
A   Aushandeln/Zustimmen
A/B Gespräch beenden

3. Schritt
Informationen über Unterkunftsmöglichkeiten am Ausflugsziel, über Preise und eventuelle Gruppenreiseermäßigungen, falls man mit der Bahn fährt, sind entweder von einem Reisebüro oder aus schriftlichen Unterlagen (Prospekte, Hotelverzeichnisse, Fahrpläne) zu erhalten. Die erhaltenen Informationen werden stichwortartig festgehalten.

4. Schritt
Über weitere Textsorten, nämlich Wetterberichte aus Zeitung, Radio oder auch Fernsehen, werden Informationen über das bevorstehende Wetter eingeholt. Danach wird in einem Gruppengespräch entschieden, was man am Zielort tun möchte und was man an Kleidung mitnehmen muß.
Der Verlauf der gesamten Planung soll von den Sprachlernern stichwortartig festgehalten werden, so daß am Schluß nach mehreren Diskussionsgängen kurze Listen von Vor- und Nachteilen, von Fahrzeiten und Fahrtrouten, von möglichen Aktivitäten und mitzunehmenden Dingen vorliegen.

Das Verlaufsschema der Sequenz sieht in einer Übersicht so aus:

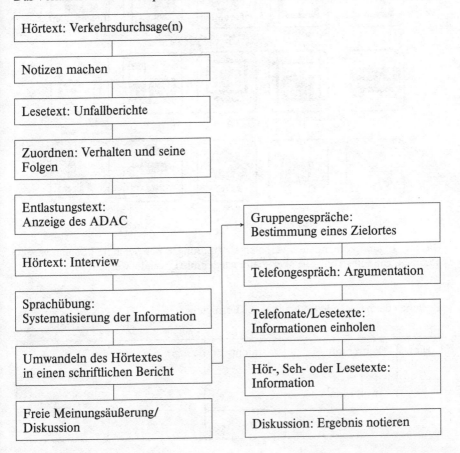

Hörtext: Verkehrsdurchsage(n)

Notizen machen

Lesetext: Unfallberichte

Zuordnen: Verhalten und seine Folgen

Entlastungstext: Anzeige des ADAC

Gruppengespräche: Bestimmung eines Zielortes

Hörtext: Interview

Telefongespräch: Argumentation

Sprachübung: Systematisierung der Information

Telefonate/Lesetexte: Informationen einholen

Umwandeln des Hörtextes in einen schriftlichen Bericht

Hör-, Seh- oder Lesetexte: Information

Freie Meinungsäußerung/ Diskussion

Diskussion: Ergebnis notieren

3. Verzweigung von Thema, Handlungen und sprachlichen Absichten

In diesem Beispiel geht es um die Sprachfunktionen Befehle, Weisungen und Anordnungen in verschiedenen Verständigungsanlässen, denen typische Textsorten zugeordnet sind und die die Sprachlerner zu alternativen sprachlichen Handlungen führen.

1. Schritt

Der erste Verständigungsanlaß wird durch Pictogramme – symbolhaft stilisierte Darstellungen von Handlungen – wie man sie auf Bahnhöfen und Flughäfen findet, hergestellt. Die Sprachlerner sollen hier die ihnen bereits zur Verfügung stehenden Sprachmittel zum Ausdrücken von Hinweisen und Verboten reaktivieren und organisieren. Selbstverständlich könnten die Pictogramme auch zur Einführung der erwähnten Redemittel dienen.

Quelle: *Zugbegleiter* der Deutschen Bundesbahn.

Die im Original vorhandenen verbalen Erläuterungen der Symbole können weggenommen, zur Selbstkontrolle aber später wieder mitverwendet werden.

Es stehen dann folgende Redemittel zur Verfügung:

Hier	kann man soll man darf man muß man	(nicht)	. . .
	ist es möglich	zu	

Man kann Man soll Man darf Man muß	(nicht)	. . .
Es ist möglich	zu	

Dazu kommt noch das themenspezifische Vokabular, das aber nur rezeptiv beherrscht werden muß.

2. Schritt*
Im 2. Schritt geht es um die Erweiterung der bereits verfügbaren Redemittel in Richtung auf das Ausdrücken von Verboten. Zum Erwerb der entsprechenden sprachlichen Mittel wird eine Reihe von verbalen Verbotsschildern benutzt, die typisch für Formulierungen in bürokratischer Sprache sind.

Quelle: Aus dem Poster „Oh selig – oh selig, ein Kind noch zu sein", Edition Katharina und Xenia Fiebig, Kassel.

Zur Verarbeitung der in den Formulierung enthaltenen Informationen ist eventuell – je nach Stand der Lerngruppe – ein Informationsblatt notwendig (s. S. 170).

---

* Die hier abgedruckten Aufgaben (2. Schritt, 3. Schritt) beziehen sich auf den Text des gesamten Posters, von dem hier aus technischen Gründen nur ein Ausschnitt wiedergegeben werden konnte.

Das Spielen der Kinder ist hier nicht gestattet. Das Spielen der Kinder ist hier untersagt. Das Spielen ist hier nicht erlaubt.	Kinder dürfen hier nicht spielen.
Der Eigentümer	Der Besitzer
Das Einstellen von Fahrrädern Das Abstellen von Fahrrädern auf den Einstellplätzen	Parken/Hinstellen/Anlehnen
Zuwiderhandlungen	Handlungen gegen eine Anweisung / ein Verbot
Eltern haften für ihre Kinder	Eltern sind verantwortlich für die Kinder
werden geahndet	werden bestraft / strafrechtlich verfolgt

Quelle: Arbeitsgruppe Deutsch als Fremdsprache im Mavo-Projekt, Holland, 1979.

3. Schritt

In einer Zuordnungsübung vom Typ A sind sprachliche Mittel – hier auch themenspezifisches Vokabular, das in den weiteren Schritten wichtig wird – mit inhaltlicher Information in Verbindung zu setzen.

Was gehört zusammen?

das Spielen der Kinder ist hier nicht gestattet	der Besitzer
der Eigentümer	man handelt gegen das Verbot und erhält eine Strafe
dies ist ein öffentlicher Spielplatz	es ist im Interesse von allen Bewohnern, die hier eine Wohnung gemietet haben
die Eltern haften für die Kinder	
Privatweg	der Besitzer bestimmt, welche Leute hier fahren dürfen

170

der Aufenthalt im Hof	in diesem Hof darf man nicht spielen
das Einstellen von Fahrrädern ist hier untersagt	Kinder dürfen hier nicht spielen
im Interesse aller Mieter	jeder darf hier spielen
Zuwiderhandlungen werden geahndet	die Eltern bezahlen, weil Johannes eine Fensterscheibe eingeworfen hat
	hier darf man keine Fahrräder hinstellen

Quelle: a.a.O.

4. Schritt

Mit der Umwandlung folgender Regeln und Anweisungen in kurze Verbote nach dem Muster der Formulierungen in den Verbotstafeln zum Thema ,,Spielen" werden die bisher erworbenen Redemittel vertieft und in einer anderen Situation reproduziert.

VERKEHRSREGELN für den Löwenpark in Givskud

1. Türen und Fenster müssen geschlossen bleiben. Nichts darf aus den Wagen geworfen werden, und es ist absolut verboten auszusteigen.

2. Die angelegten und markierten Fahrwege dürfen nicht verlassen werden.

3. Die Wagen fahren Einbahnverkehr, aber die Geländewagen des Parks fahren immer die Strecke in entgegengesetzter Richtung durch um zu kontrollieren, dass die Verkehrsregeln beobachtet werden und um bei Störungen, Unfällen u.a. behilflich zu sein. Weisungen von den Geländewagen müssen unbedingt befolgt werden.

4. Nehmen Sie in jeder Weise Rücksicht auf die Löwen - die Fahrer müssen immer den Löwen ausweichen.

5. Bei Störungen und Unfall: Rufen Sie einen unserer Geländewagen durch Hupen herbei. Sonst ist Hupen verboten.

6. Hunde und andere Tiere dürfen nicht mitgenommen werden.

7. Rauchen ist strengstens verboten.

8. Kinder dürfen nur dann auf dem Rücksitz des Wagens allein sein, wenn die Türen gesichert sind.

   Sie dürfen mehrere Runden fahren wenn Sie wünschen.

Quelle: Besucherhinweise des Löwenparks Givskud, Dänemark, 1979.

5. Schritt

Auf den folgenden Arbeitsblättern können die Sprachlerner Positionen markieren, die sie später zu einer eigenen Stellungnahme befähigen.

1. Wer muß auf wen Rücksicht nehmen?

	Hausbesitzer	Alte Leute	Autofahrer	Kinder
Kinder				
Mieter				
Autofahrer				
Blinde				
Alte Leute				
Hausbesitzer				
Mopedfahrer				
Kranke				
Der Bürgermeister				
Die Polizei				

2. Worauf haben sie ein Recht?

Sie haben ein Recht auf ...	Ruhe	Freude am Spiel	öffentliche Spielplätze	Ruhe, nur zu Hause	Straßen ohne Verkehr
Kinder					
Alte Leute					
Kranke					
Erwachsene					
Arbeiter					

Quelle: Arbeitsgruppe Deutsch als Fremdsprache im Mavo-Projekt, Holland.

6. Schritt
Das Vorbereiten einer eigenen Stellungnahme wird durch ein Organisationsblatt (s. S. 174) erleichtert.

7. Schritt
Die eigene Stellungnahme wird im Sinne von kontrastiver Landeskunde durch den Vergleich mit den Verhältnissen im eigenen Land erweitert. Dazu können die Sprachlerner vergleichbare Hinweis- und Verbotsschilder aus ihrem eigenen Land hinzuziehen und Formulierungen und Absichten vergleichen.

8. Schritt
Im Anschluß hieran sollen die Sprachlerner versuchen, die Verbote der deutschen Schilder in freundlicher formulierte Hinweise und Bitten umzuwandeln. Hier können sich dann folgende Aufgaben, die je nach Lerngruppe ohne Hilfen, in anderen Gruppen nur nach Vorlage einer Redemittelliste, bewältigt werden können, anschließen:

● Auf einem Parkplatz parkt jemand so vor Ihrem Auto, daß Sie nicht mehr wegfahren können. Fordern Sie den anderen Fahrer zum Wegfahren auf: Höflich/unhöflich.

- Ihre deutsche Brieffreundin/Ihr deutscher Brieffreund hat Ihnen vor langer Zeit ein Foto versprochen. Bitten Sie ihn/sie nochmals darum.
- Der Hausmeister verbietet Kindern aus Ihrem Haus, im Hof zu spielen. Wie könnte ein Dialog zwischen den Beteiligten aussehen?

Was ist deine Meinung?
(zu: 6. Schritt, S. 173)

Das Spielen der Kinder ist verboten …	Richtig	Unsinn	arme, brave Kinder	ich weiß nicht	es soll keine Spielverbote geben
auf einem Privatgrundstück					
im Treppenhaus					
auf dem Schulhof					
auf dem Kirchengelände					
auf dem Baugelände					
in der Garageneinfahrt					

Quelle: a.a.O.

Alternative/Verzweigung

Wenn die Zielsetzung dieser Unterrichtssequenz eher auf die schriftliche Anwendung der Redemittel zu Verboten und Hinweisen gerichtet sein soll, kann über die Eingabe eines weiteren Textes eine Verzweigung des Ablaufs erreicht werden. Gleichzeitig wird die Fertigkeit des Leseverstehens stärker gefordert als im bisherigen Ablauf.

1. Schritt

Nach dem globalen Verstehen des Textes „Hausordnung" geht es darum, Redemittel zu Verboten, zu Befehlen, Anweisungen usw. herauszufinden, auch wenn sie hinter Formulierungen versteckt sind. Es soll ebenfalls erörtert werden, welche der Verbote oder Anweisungen oder Vereinbarungen nötig sind, welche nicht oder welche nur eine Partei begünstigen. Der lange Text kann hierzu in einzelne Kernaussagen aufgelöst werden, die denen auf den vorher kennengelernten Verbotsschildern ähneln. (Vgl. dazu die Textaufschlüsselungsübungen im A-Teil.)

A. Die Rücksicht der Hausbewohner aufeinander verpflichtet diese unter anderem zu folgendem:

Vermeidung störender Geräusche, die z. B. entstehen durch Benützung nicht abgedämpfter Maschinen, durch starkes Türenzuschlagen und Treppenlaufen, durch Musizieren sowie Rundfunk- und Fernsehempfang mit belästigender Lautstärke und Ausdauer vor allem in den Mittagsstunden und nach 22 Uhr sowie Teppichklopfen usw. außerhalb der zugelassenen Zeiten.

Unterlassung des Ausschüttelns und Ausgießens aus Fenstern, von Balkonen, auf Treppenfluren usw.

Beseitigung scharf oder übel riechender, leicht entzündbarer oder sonst irgendwie schädlicher Stoffe.

Ausreichende Erziehung und Beaufsichtigung der Kinder.

Abwendung und Minderung eines drohenden Schadens, insbesondere auch ausreichende Maßnahmen gegen das Aufkommen von Ungeziefer, ordnungsmäßige Beseitigung von Abfällen und Unrat (Müll, Scherben, Küchenreste usw.) in (nicht neben) die aufgestellten Müllkästen, von sperrigen oder leicht brennbaren Stoffen durch Verbrennen oder Beförderung außerhalb des Grundstücks.

Zerkleinern von Brennstoff nicht innerhalb der Mieträume, sondern nur an den vom Vermieter bezeichneten Stellen.

Einholen der Genehmigung des Vermieters für etwaige Tierhaltung sowie für Verkehr, Aufstellen und Lagern in Gängen, auf Höfen usw. (u. a. für Krafträder und Wagen).

Zum Waschen ist die Waschküche nach den Anweisungen des Vermieters zu benutzen. Die Wäsche darf nur auf dem dafür bestimmten Trockenplatz getrocknet werden. Das sichtbare Aufhängen und Auslegen ~~he Betten~~ usw. auf Balkonen, in Fenstern usw. ist unzulässig.

Quelle: *Deutscher Einheitsmietvertrag* 1974.

2. Schritt

Die Sprachlerner verfassen einen Beschwerdebrief an den Hausbesitzer/Hausmeister, z. B. wegen fehlender Spielmöglichkeiten für Kinder oder wegen Mängel an der Wohnung.

Dieser letzte Schritt kann auch so aussehen, daß ein neuer Text „Hausordnung" verfaßt wird, der sich in der Form an die Regeln zum Verhalten im Löwenpark anlehnt. (Vgl. S. 171.)

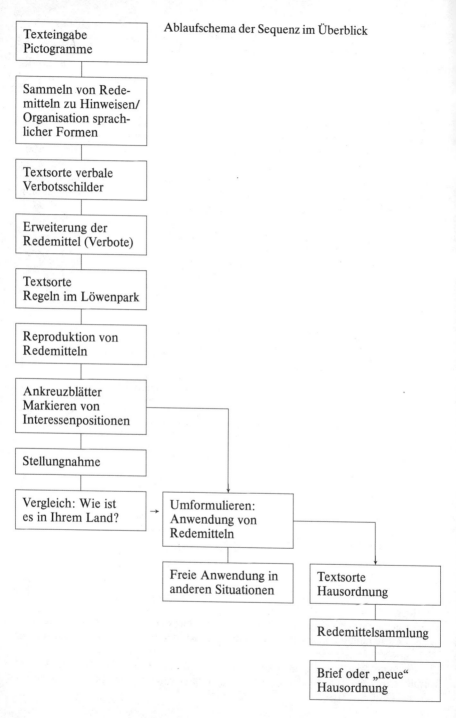

Ablaufschema der Sequenz im Überblick

Texteingabe
Pictogramme

Sammeln von Rede-
mitteln zu Hinweisen/
Organisation sprach-
licher Formen

Textsorte verbale
Verbotsschilder

Erweiterung der
Redemittel (Verbote)

Textsorte
Regeln im Löwenpark

Reproduktion von
Redemitteln

Ankreuzblätter
Markieren von
Interessenpositionen

Stellungnahme

Vergleich: Wie ist
es in Ihrem Land?

Umformulieren:
Anwendung von
Redemitteln

Freie Anwendung in
anderen Situationen

Textsorte
Hausordnung

Redemittelsammlung

Brief oder „neue"
Hausordnung

Gerhard Neuner

Die Erstellung von informellen Leistungstests („Schulaufgaben") mit Hilfe der Übungstypologie

Es gibt einen inneren Zusammenhang zwischen Lernzielen, Lernverfahren und Lernkontrollen in der Planung und Gestaltung von Unterricht:

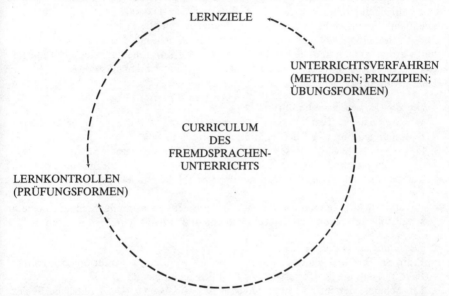

Sieht man sich die Hefte mit den Kontrollaufgaben an, die zu den meisten Fremdsprachenlehrwerken erhältlich sind, vergleicht man diese Kontrollaufgaben mit den Übungen in den Arbeitsheften, die zu den Lehrwerken entwickelt worden sind, und bezieht man die Aussagen zu den Lernzielen, wie sie in den Lehrerhandbüchern oder im Inhaltsverzeichnis der Lehrbücher vorzufinden sind, auf die Lerninhalte, die überprüft werden, dann wird schnell deutlich:
WAS geübt wird, das wird auch geprüft (Lernziele)
WIE geübt wird, so wird auch geprüft (Verfahren).
Anders ausgedrückt: Die Übungen und Übungsformen in den Lehrwerken verweisen nicht nur auf die Lernziele, sie finden sich auch als Aufgaben in den Tests wieder.
Vergegenwärtigt man sich die enge ‚Bandbreite' von Übungen, wie sie etwa in der Grammatik-Übersetzungs-Methode oder in der audiolingualen Methode verwendet werden (vgl. dazu den Beitrag „Zum Wandel der Prinzipien und Übungsformen in der Fremdsprachenmethodik" im ersten Teil des vorliegenden Buches) – die Übungen in beiden Methoden zielen vorwiegend auf die Sicherung linguistischer Systeme (Grammatik; Wortschatz; Rechtschreibung) – dann kann man vermuten, daß auch die Tests sich in einem relativ engen Rahmen von überprüften Zielen und verwendeten Prüfungsformen bewegen. Untersuchungen, die ich mit Studenten an Lehrwerken

der ‚audiolingualen Generation' von Englischlehrwerken für das erste und zweite Lernjahr mit Hilfe der Übungstypologie durchgeführt habe, bestätigen diese Vermutung: die informellen Tests bestehen in ihrer Anlage überwiegend aus Aufgabenstellungen der Gruppe „B" der Übungstypologie.

Die Monotonie der Aufgabenstellungen in den Tests hat ihre Ursache nicht in erster Linie darin, daß die Verfasser der Kontrollaufgaben nicht genügend methodische Phantasie bei der Ausgestaltung dieser Tests entwickelt haben. Um zu verstehen, wo die eigentlichen Gründe liegen, muß man sich nicht nur mit den Lernzielen und methodischen Prinzipien, wie sie für die audiolinguale Methode formuliert worden sind, eingehender beschäftigen, man muß auch die Denkkategorien der vorherrschenden – empirisch begründeten – Testtheorie genauer betrachten.

Lado[1] nennt eine Reihe von sogenannten Gütekriterien, mit deren Hilfe Tests beurteilt werden können und die bei der Erstellung von Kontrollaufgaben – nicht nur im Bereich des Fremdsprachenunterrichts – berücksichtigt werden müssen.
Dazu gehören:

1. *Die Zuverlässigkeit* (reliability):
   Wie weit ist ein Test frei von variablen Faktoren? Führt er unter ähnlichen Bedingungen immer wieder zu ähnlichen Ergebnissen?
   Das *Diktat* ist beispielsweise insofern keine zuverlässige Testform, als der Lehrer durch Variation der Aussprache, der Betonung und der Intonation oder des Tempos des Diktierens die Prüfung für seine Schüler erleichtern oder erschweren kann.
   Zuverlässig könnte man das Diktat nur dann nennen, wenn die Schüler in einem schallisolierten Raum das Diktat nach einem Tonband schreiben müßten.

2. *Die Gültigkeit* (validity):
   Prüft ein Test wirklich das, was er zu prüfen vorgibt, oder prüft er noch andere Faktoren mit, die das Testergebnis wesentlich beeinflussen?
   Ein Schüler, der im Schreiben ungeübt ist, wird beim *Diktat* zusätzliche Fehler machen. Mit der *Nacherzählung* wird nicht nur die fremdsprachliche Ausdrucksfähigkeit des Lernenden überprüft, sondern auch – vielleicht sogar in erster Linie – seine Konzentrationsfähigkeit und die Speicherfähigkeit seines Kurzzeitgedächtnisses. Bei der *Übersetzung* aus der Fremdsprache in die Muttersprache spielt die muttersprachliche Ausdrucksfähigkeit eine entscheidende Rolle für das Gelingen der Aufgabe.

3. *Die Auswertbarkeit* (scorability):
   Gibt es *eindeutige* Kriterien zur Beurteilung einer Leistung, die bei allen Prüfern zur gleichen Bewertung (Noten) führen?
   Wir kennen alle die Probleme, die der *Aufsatz* (Essay) in dieser Hinsicht bietet: verschiedene Lehrer können einen Aufsatz ganz unterschiedlich bewerten – je nachdem, ob sie der inhaltlichen Struktur der Argumentation oder der sprachlichen Form, der Ausdrucksfähigkeit, dem Stil usw. mehr Gewicht beimessen.

4. *Der Arbeitsaufwand* (economy):
   Hier ist zu unterscheiden zwischen
   – dem Erstellungsaufwand (= Zeit, die zur Vorbereitung eines Tests benötigt wird) – ein Übersetzungs- oder Diktattext ist relativ rasch gefunden; die Erstel-

lung von Multiple-choice-Aufgaben zur Überprüfung des Leseverstehens dagegen ist ein langwieriges Geschäft – und

– dem Auswertungsaufwand (= Zeit, die man zur Korrektur eines Tests benötigt) – bei Multiple-choice-Aufgaben oder Richtig-Falsch-Aufgaben läßt sich sehr rasch ermitteln, ob der Schüler die richtigen oder falschen Lösungen angestrichen hat; einen Aufsatz dagegen muß man ein paarmal lesen, bis man sich ein Urteil bilden kann.

In der Praxis neigt man dazu, solche Testformen zu bevorzugen, bei denen ein geringer Erstellungs- und Auswertungsaufwand erforderlich ist *und* die leicht, d. h. ‚objektiv‘, über Fehlerzählung auswertbar sind. Dies ist wohl der Grund, warum Diktat, Übersetzung und Nacherzählung als Prüfungsformen ein so zähes Leben führen.

Weil ‚objektiv‘ aber nur *formale* Aspekte der Fremdsprache meßbar sind, konzentriert man sich bei der Beurteilung der fremdsprachlichen Leistung auf die *Korrektheit* (Ist der Satz richtig gebaut? Ist das Wort richtig geschrieben?) und wählt Testverfahren, in denen Einzelelemente der sprachlichen Systeme oder Fertigkeiten isoliert geprüft werden können (z. B. im Lückentext; in der Substitutionsübung) oder in denen mögliche Antworten schon unter den Kategorien ,,Richtig-Falsch‘‘ ‚vorprogrammiert‘ sind (z. B. in der Multiple-choice-Aufgabe; in der Zuordnungsaufgabe).

Es liegt aber auf der Hand, daß jemand, der Wörter in einen Satz richtig einfügen oder einen Satz nach einem vorgegebenen Muster richtig bilden kann, damit noch nicht nachgewiesen hat, daß er die fremde Sprache auch für den Zweck der Verständigung mit anderen Leuten oder des Verstehens von Information verwenden könnte.

Selbstverständlich ist der gezielte Aufbau der sprachlichen Systeme die Grundlage des Fremdsprachenunterrichts – er ist jedoch nicht das Endziel und darf nicht zum Selbstzweck werden. Entscheidend ist, daß der Schüler lernt, mit der fremden Sprache als einem Mittel der Verständigung umzugehen. Die Übungsphase des Unterrichts darf also nicht bei der Sicherung sprachlicher Formen und dem Einschleifen von Sprachmustern stehen bleiben, sie muß den Schülern vielmehr in weiteren Schritten Gelegenheit geben auszuprobieren, was die ‚Sachen‘, die sie gelernt haben, ‚bedeuten‘ und was man mit ihnen im Umgang mit fremdsprachlichen Medien bzw. einem Partner ‚tun‘ kann. Mit anderen Worten: die Übungsphase muß von Übungstypen der Kategorie B zu solchen der Kategorien C und D führen.

Ebensowenig darf sich aber auch ein Test mit dem Abfragen von Wortschatz, Grammatik und Rechtschreibung zufriedengeben. Auch in einem Test sollte der Schüler zeigen können, daß er mit der fremden Sprache als einem Verständigungsmittel umgehen gelernt hat.

Sprach*verwendung* ist aber – entgegen der Annahme der Behaviouristen – kein Akt der Reproduktion eingeschliffener Sprachgewohnheiten, sondern ein Prozeß geistiger Tätigkeit, der etwas mit bewußter Gestaltung und Kreativität zu tun hat und sich gerade dadurch auszeichnet, daß er nicht in allen Details ‚vorprogrammierbar‘ ist!

Das Dilemma ‚freierer‘ Aufgabenstellungen ist jedoch, daß sie sich nicht nach ausschließlich formalsprachlichen Kriterien beurteilen lassen: eine an sich ‚fehlerhafte‘ Äußerung kann in einem bestimmten Verständigungsanlaß u. U. ohne Schwierigkeiten vom Partner verstanden, ein an sich korrekter Satz wiederum kann völlig deplaziert und unverständlich sein. Neben den Aspekt der Korrektheit muß bei der Bewertung solcher Aufgaben auch der Aspekt der Verständlichkeit, der Akzeptabilität im Verständigungskontext treten. Das setzt freilich voraus, daß der Lehrer die Sprache, die er lehrt, auch selbst einigermaßen beherrscht. Dennoch fällt auch dem Lehrer, der beim *aktiven* Gebrauch der fremden Sprache nicht immer gleich ‚das rechte Wort' parat hat, die Beurteilung, ob eine Äußerung voll oder nur teilweise verständlich ist, relativ leichter, da im allgemeinen der Bereich des Verstehens viel breiter entfaltet ist als der Bereich des Sichmitteilens.

Wenn man einen Test zu einem Kapitel oder Lernpensum eines Lehrbuchs erstellt, sollte man – wenn das Lernziel „Befähigung zur Kommunikation in der fremden Sprache" nicht nur eine Leerformel bleiben soll – nicht nur solche Aufgaben entwerfen, mit denen Einzelelemente der Fremdsprache korrekt ‚abgerufen' werden, vielmehr sollten immer auch Aufgabenstellungen geplant werden, die die Fähigkeit zum Verstehen und zur Verständigung überprüfen. In der Sprache der Übungstypologie heißt das: ein Test sollte nicht nur Aufgabenformen des B-Typs enthalten, sondern immer auch Aufgaben der Kategorien A und C/D. Während bei Aufgaben der Gruppen A und B der Aspekt der sprachlichen Korrektheit im Vordergrund steht, sollte man bei Aufgabenstellungen aus den Gruppen C und D von der ‚Fehlerzählung' absehen und sich immer wieder fragen, ob und in welchem Grad die vom Schüler vorgeschlagene Äußerung im Kontext der Aufgabenstellung voll verständlich – weitgehend verständlich – nur teilweise verständlich – mißverständlich ist (Beurteilungsskala).

Bei der Anlage solcher Tests kann die Übungstypologie als *Checkliste* zum schnellen Auffinden und Variieren von Aufgabenformen zu den einzelnen Teilzielen des Tests

A: Überprüfung des Verstehens (Lese- bzw. Hörverstehen)
B: Überprüfung der korrekten Beherrschung der sprachlichen Systeme
C/D: freiere oder freie Anwendung der Sprache
dienen.

Beispiele für die Anlage informeller Leistungstests[2]

Beispiel 1: Schwerpunkt Wortschatzarbeit
Aufgabe A: Unterstreichen von fünf ‚Schlüsselwörtern' in einem Text oder
Ausfüllen eines Flußdiagramms mit den Schlüsselwörtern
Aufgabe B: Lückentext zu dem Wortschatzpensum der behandelten Lektion
Aufgabe C: Bildergeschichte zum Sachfeld, das in der Lektion behandelt wurde

Beispiel 2: Grammatikarbeit
Aufgabe A: Zuordnungsaufgabe (Sätze zusammenfügen) zu einem Lesetext
Aufgabe B: Bildung von Sätzen aus Einzelelementen
Satzergänzung
Bildung von Sätzen nach einem vorgegebenen Modell
Lückentext zum Grammatikpensum
Aufgabe C: Ausarbeitung von Notizen/Stichwörtern zu einem Bericht
Zusammenfassung des Lesetextes (von A)
Erfinden einer Fortsetzung des Textes

Beispiel 3: Themenbezogene Arbeit
Aufgabe A: Erstellen eines fortlaufenden Textes aus einem Text, der ‚Computersalat' enthält
Richtig-Falsch-Aufgabe bzw. Multiple-choice-Aufgabe zum besprochenen Thema / vorgegebenen Text

Aufgabe B: Beschriften eines Sachfeldes, das zur behandelten Lektion gehört
Ausfüllen eines Kreuzworträtsels
Aufgabe C: Überschrift/Kommentar zu einem Bild geben
Den Anfang bzw. die Fortsetzung einer Bildergeschichte erfinden
Einen (Leser-)Brief zu einem vorgegebenen Thema verfassen (mit oder ohne inhaltliche bzw. sprachliche Vorgaben)
Einen Text (von A) hinsichtlich der Argumente pro und contra / der Vorzüge und Nachteile usw. auswerten
Einen ‚Paralleltext‘ (zu dem in Aufgabe A verwendeten Text) verfassen

---

[1] Lado, R.: *Moderner Sprachenunterricht. Eine Einführung auf wissenschaftlicher Grundlage,* München [3]1971, S. 30 f. (Originaltitel: *Language and Language Teaching).*
[2] Weitere Anregungen zur Anlage von schriftlichen und mündlichen Prüfungen im Fremdsprachenunterricht und zur Bewertung und Korrektur von sprachlichen Leistungen in dem Kapitel 8 „Lernkontrollen" in dem von mir herausgegebenen Sammelband *Pragmatische Didaktik des Englischunterrichts* (Paderborn: Schöningh, 1979), S. 194–224.

Auswahlbibliographie

Übungen im Fremdsprachenunterricht

A) Buchpublikationen und Aufsätze in Sammelbänden

Beier, K. – Mainka-Tersteegen, R. – **Krankenhagen,** G. (Hrsg.): *Sprachlabor und kommunikativer Fremdsprachenunterricht,* Stuttgart: 1977.

Beile, W.: *Typologie von Übungen im Sprachlabor – Zur Entmythologisierung eines umstrittenen Sachfelds,* Frankfurt/M.: 1979.

Bundesarbeitsgemeinschaft Englisch an Gesamtschulen (Hrsg.): *Kommunikativer Englischunterricht – Prinzipien und Übungstypologie,* München: 1978.

Dakin, J.: *Vom Drill zum freien Sprechen – Übungsformen für Sprachlabor und Klassenraum* (Hrsg. und übersetzt von R. Freudenstein), München: 1977.

Grewer, U. – **Moston,** T. – **Sexton,** M.: ,,Übungsschritte zum Erwerb Kommunikativer Kompetenz", in: **Neuner,** G. (Hrsg.): *Pragmatische Didaktik des Englischunterrichts,* Paderborn: 1979, S. 181–193.

Gutschow, H.: ,,Zur Typologie von Hör-Sprech-Übungen", in : **Goethe-Institut** (Hrsg.): *Protokoll eines Werkstattgesprächs über Art, Herstellung und Einsatz von Programmen für Sprachlehranlagen vom 24. bis 25. Oktober 1968,* München, 17 – 26.

ders., ,,Übungstypologie und Übungssystematik", in: **Freudenstein,** R. – **Gutschow,** H. (Hrsg.): *Fremdsprachen – Lehren und Erlernen,* München: 1972, S. 208 – 218.

Piepho, H.-E.: ,,Übungstypologie für den Unterricht mit Sprachlehranlagen", in: **Hessisches Institut für Lehrerfortbildung** (Hrsg.): *Das Sprachlabor im kommunikativen Fremdsprachenunterricht,* Referate und Arbeitsgruppenergebnisse aus den Lehrgängen 2607/74; 2778/75; 2897/76 in der Reinhardswaldschule, Fuldatal bei Kassel: 1977, S. 61–67.

B) Zeitschriftenaufsätze

Beile, W.: "Towards a classification of listening comprehension exercises", *Audio-Visual Language Journal,* 1978, 147–154.

Brandt, B. ,,Theorie und Praxis einer Übungstypologie für den Fremdsprachenunterricht", *Fremdsprachenunterricht,* 1968, 403–411.

ders., ,,Zur Gestaltung und Verwendung von Übungen im Fremdsprachenlehrbuch der Elementarstufe", *Deutsch als Fremdsprache,* 2/1968, S. 96–101.

Butzkamm, W.: ,,Über einsprachige und zweisprachige Strukturübungen", *Der fremdsprachliche Unterricht* 40, 1976, 36–47.

Chromečka, J.: ,,Zur Typologie und Gestaltung oraler Struktur- und Dialogübungen", *Deutsch als Fremdsprache,* 2/1968, S. 66–75.

Coggle, P. A.: ,,Zu Fragen eines effektiven Übungssystems der Sprachlaborarbeit im fachsprachlichen Unterricht", *Deutsch als Fremdsprache,* 7/1970, S. 11–121.

Edelhoff, Chr.: ,,Zur Didaktik des Sprachlabors im kommunikativen Fremdsprachenunterricht", *Neue Unterrichtspraxis,* 1975, 535–539.

Gutschow, H.: „Zur Systematik von Sprachlaborübungen", *Programmiertes Lernen und programmierter Unterricht,* 1965, 168–173.

ders., „Übungsformen und Übungsweisen", *Deutschunterricht für Ausländer,* 1968, 94–102.

Hellmich, H. – **Gröschl,** R: „Die Übung im Fremdsprachenunterricht", *Deutsch als Fremdsprache,* 5/1978, S. 261–266.

Krüger, M.: „Übungs- und Sozialformen im Fremdsprachenunterricht Deutsch", *Zielsprache Deutsch,* 4/1978, S. 2–10.

Hüllen, W.: „Zur linguistischen Begründung fremdsprachlicher Übungsformen", *Linguistik und Didaktik,* 3/1972, 32–41.

Lohmann, C.: „Übungstypologie für den Englischunterricht in der Eingangsstufe der Gesamtschule", *Praxis des Neusprachlichen Unterrichts* 3/1973, S. 260–268.

Lübke, D.: „Situative Grammatik-Übungen im Sprachlabor", *Die Neueren Sprachen,* 1973, S. 306–313.

Oppermann, H.: „Das Prinzip der Situationsbezogenheit bei Übungen zur Festigung und Aktivierung sprachlicher Kenntnisse", *Fremdsprachenunterricht,* 14/1971, S. 257–260.

Passow, J. E. J.: „Forderungen an Übungen zur Entwicklung des Sprechens", *Fremdsprachenunterricht,* 10/1977, S. 481–488.

Reisener, H.: „Darbietungs- und Übungsformen im Englischunterricht des 1. Schuljahres", *Englisch,* 5/1970, S. 49–53.

Schneider, B.: „Kritische Anmerkungen zu den audio-lingualen Übungstypen im fremdsprachlichen Unterricht", *Praxis des Neusprachlichen Unterrichts,* 1971, 56–66.

Schrand, H.: „Von mechanischen Drills zu kommunikativen Übungen", *Der fremdsprachliche Unterricht* 8, 1968, S. 38–46.

Smirnowa, S. A.: „Kommunikative Übungen im Englischunterricht", *Fremdsprachenunterricht* 10/1966, 119–120.

Waack, J.: „Kommunikative Übungen zur Festigung grammatischer Kenntnisse im Fach Englisch", *Fremdsprachenunterricht* 1975, 360–367.

Wagner, E.: „Die Beziehung zwischen Ziel und Inhalt im Übungsprozeß", *Deutsch als Fremdsprache,* 7/1970, S. 179–182.

DOCUMENTS
OF THE NRPB

ELF Electromagnetic Fields
and the Risk of Cancer

Report of an Advisory Group on
Non-ionising Radiation

VOLUME 12 NO 1 2001

National Radiological Protection Board
Chilton, Didcot, Oxon OX11 0RQ